나비의 날개 위에
실은 기도집

나비의 날개 위에
실은 기도집

ⓒ 이성화, 2025

초판 1쇄 발행 2025년 3월 1일

지은이   이성화
펴낸이   이기봉
편집   좋은땅 편집팀
펴낸곳   도서출판 좋은땅
주소   서울특별시 마포구 양화로12길 26 지월드빌딩 (서교동 395-7)
전화   02)374-8616~7
팩스   02)374-8614
이메일   gworldbook@naver.com
홈페이지   www.g-world.co.kr

ISBN   979-11-388-4063-7 (03230)

나비의 날개 위에
실은 기도집

나는 중보자

이성화 지음

좋은땅

지은이의 말

이 기도집을 손에 잡고 마음에 품어 기도드릴 때 이 기도 속에 모든 소망은 각자 기도드리는 자의 소망이 될 것이며, 이 소망들이 한곳을 향하여 같은 목적을 부르짖을 때 온 세상으로 말씀이 길을 내시듯 기도의 불 부으심을 통해 인류 구원의 통일의 도구 되시는 주님의 뜻을 이루어 드리는 나 비효과의 부흥이, 기도의 부흥이 이루어질 것을 굳게 믿는 믿음의 자녀들의 동일한 소망의 함성이 될 것을 믿습니다.

이 번제단의 기도에 도전할 당신을 찾고 기다리는, 여리고 성을 무너뜨릴 성벽을 도는 것을 꿈꾸는 하나님의 순결한 믿음의 자녀들이 우리 모두 되어 함께 꿈꾸길 소망합니다.

(   ) 빈칸이 있는 곳은 본인들이 속한 교회의 이름을, 말씀을 인도하는 주의 종의 이름을 넣어 자신의 기

도가 되게 하시길 권합니다.

옛 선지자들과 믿음의 자녀들, 그때 그들은 무슨 기도를 드렸을까. 우리는 한 번쯤 헤아려 생각해 볼 필요가 있습니다.

오늘날 믿음의 자녀들의 기도를 미루어 볼 때 그들은 무슨 기도를 하고 있을까. 보편적인 기도들도 있겠지만 전혀 짐작도 하지 못할 크고 거룩한 소망의 기도를 드리는 사람들도 있을 것입니다. 그렇다면 오랜 옛날에는 그렇게 기도 드리는 사람들이 없었는지를 생각해 보면 절대 그렇지 않았을 것입니다.

노아가 방주를 예비하여 구원할 자들을 찾았듯이 노아보다 더 오래전부터 기도로 구원의 소망을 간구드렸던 기도꾼들이 기도의 씨를 뿌렸었고 노아 또한 그 열매를 맺은 혜택을 받아 구원의 방주를 짓는 씨를 백 이십 년 동안 뿌렸습니다.

그렇다면 이 시대에 우리는 옛 믿음의 사람들이 울며 땀

흘려 심어 놓은 기도의 열매를 거두고 있지 않다고 단언할 수 있을까. 옛사람들이 심었고 우리가 그 열매를 받았다면, 우리는 무엇을 해야 할까. 우리가 지나가고, 다음 세대가 이 땅에 심어 놓은 축복을 누리기 위해서는 우리 또한 씨를 뿌려야만 합니다. 빈 밭을 남겨 두고 떠난다면 우리는 악한 자가 되고 말 것입니다. 우리가 받았듯이 우리도 우리 다음의 세대를 위해 심어 주고 지나가야 하겠습니다.

눈물을 흘리며 씨를 뿌리는 자는 기쁨으로 열매를 거두리로다 (시편 126:5)

내가 아닌 후손들이 거둘 것을 심을 때 하나님께서 이 땅과 하늘에 축복을 가득 부으시어 지금도 여전히 하나님이 경영하실 영광을 나타내게 할 수 있다고 믿습니다. 노아는 방주를 지었다면, 우리는 기도의 방주를 짓는 씨를 뿌림이 마땅합니다. 이 기도집에는 이러한 발간의 의미가 담겨 있습니다.

하나님께 올려드리는 일천번제단의 기도

시작일 : 2020년 2월 1일

맺는날 : 2022년 10월 29일

하나님께 올려드리는 이천번제단의 기도

시작일 : 2022년 10월 29일

맺는날 : 2025년 7월 24일

《기도의 시작 순서》

사도신경으로 신앙고백 :

영광 올려드림 :

회개의 기도 :

하나님의 뜻을 구하는 기도 :

마침기도 :

주기도문 :

【사도신경】

나는 전능하신 아버지 하나님

천지의 창조주를 믿습니다.

나는 그의 유일하신 아들

우리 주 예수 그리스도를 믿습니다.

그는 성령으로 잉태되어

동정녀 마리아에게서 나시고

본디오 빌라도에게 고난을 받아

십자가에 못 박혀 죽으시고

장사된 지 사흘 만에

죽은 자 가운데서 다시 살아나셨으며,

하늘에 오르시어 전능하신 아버지 하나님

우편에 앉아 계시다가, 거기로부터

살아 있는 자와 죽은 자를 심판하러 오십니다.

나는 성령을 믿으며, 거룩한 공교회와

성도의 교제와 죄를 용서받는 것과

몸의 부활과 영생을 믿습니다.

아멘

아버지 오늘도 새날을 허락하시고 빛 가운데 나를 이끌어 내신 사랑과 축복에 깊은 감사 올려 드립니다. 오늘도 새 생명을 주시고 새 호흡을 주시어 새 하늘 새 땅 새 날 새 지경을 열어 주시고 만물로 내 발 앞에 예비하시어 족히 누리고도 남도록 공급하신 사랑에 깊은 감사 올려 드립니다. 보잘것없는 나를 이토록 귀히 여기시고 깨우시어 번제단에 올라 부르짖어 기도드리게 하신, 택하신 축복에 깊은 감사 올려 드립니다. 성령님 번제단 위에 임재하사 불을 부으소서, 기름을 부으소서 하나님께서 홀로 좌정하시어 흠향하실 수 있도록, 영광 홀로 받으시도록 부정한 모든 것을 세세히 태우시고 성령의 기름 부으사 정결케 씻기소서.

주님 어린양의 보혈로 번제단을 씻기시고 기도드리는 자, 곧 나의 안과 밖을 씻기시어 오직 아버지께서 홀로 영광 받으시기에 합당케 하소서. 하늘에 천군천사의 구룹들도 이 번제단 위에 임하사 번제단을 두르소서, 호위하소서. 부정하고 더러운 것들, 하나님께 대적하는 사단마귀 간교한 악의 영들을 번제단을 침노치 못하도록 천사의 구룹들이여 호위하시어 지켜주소서. 아버지께서 말씀하셨나이다. 내가 팔이 짧아 너희를 구원하지 못하겠느냐, 너희의 고함 없음으로 내가 일하지 아니한다 말씀하셨으므로 내가 번제단에 올라 이 땅 위에 되어 가는 일들을 고하나이다. 아버지의 응답으로 채워 주소서. 너의 입을 크게 열라 말씀하셨으므로 내가 크게 부르짖어 고하나이다. 천국은 침노하는 자의 것이라 말씀하셨으므로 번제단에 올라 기도로써 말씀의 천국을 침노하나이다. 천국 문을 열어 주시옵소서.

아버지 지난날 내가 어디서 와서 어디서 무엇을 하다가 어디로 가는지 알지 못한 채 세상을 떠돌고 방황하며 욕심을 따라 정욕을 따라 살며, 하나님이 어디 계시냐 나를 돕는 자가 누구이냐 하며, 부정하며, 불평·불만하며, 스스로 사는 자같이 오만하며, 교만·방자하게 살았던 날들, 아무것도 알지 못하며 모든 것을 다 안다 하고 세상을 경영하는 자처럼 살았던 무지한 날들을 용서하여 주시옵소서. 아버지께서 도무지 네가 누구인지 내가 알지 못한다 하시면 한 줌 바람결에 흩어질 인생인 것을. 내가 주인 되어 살았던 날들을 용서하여 주시옵소서. 하늘을 두루마리 삼고 바다를 먹물 삼아도 다 기록하여 드릴 수 없는 나의 붉은 죄악을 용서하여 주시옵소서. 나를 이토록 사랑하시어 족히 누리는 축복과 번성의 축복을 주신 사랑을 헤아려 보지 못하고 내가 누리는 모든 것이 아버지의 것임을 깨닫지 못하고 오만방자했던 날들을 용서하여 주시옵소서.

아버지! 번제단에 기도의 제단을 쌓으며 기도드리오니 성령님 불 부으소서. 기름 부으소서. 주님의 보혈 부으셔서 이 기도를 정결케 하시고 아버지께서 홀로 영광 받으시도록 아버지께서 기뻐 흠향하실 수 있도록, 아버지의 귀를 시원하게 아버지의 마음을 시원하게, 아버지의 진노하신 마음을 아버지의 아픔을 녹여 드릴 수 있는 기도 이 땅 고쳐 주시기를 꿈꾸는 기도, 작정하시고 도구로 택함 받는 이 기도 되길 원하옵나이다. 이 시간 나의 영을 통하여 다 듣고 계심을 믿사옵나이다. 아버지께 이토록 사랑받고 있음에 깊은 감사 올려 드립니다. 이 땅에 나를 보내신 아버지의 뜻 가운데 그의 나라, 그의 뜻을 이루시기를 구하라 하신 말씀 받들어 기도드립니다. 나를 산 예물로 올려 드리며, 일천번제단으로 나아옵니다. 우리의 일용한 것들은 이 땅 위에 이미 예비하여 놓으셨으니 너희는 하나님의 뜻을 속히 이 땅 위에 이루시기를 구하라 하신 주님 말씀 받들어 나를 산 예물로 올려 드리며, 일천번제단에 올라 기도드리오니 하늘에서 사단마귀를 내어 쫓으사 하늘에 평화가 있게 하신 것 같이 아버지 이 땅에서도 사단마귀를 내어 쫓으시어 하늘 평화를 이 땅 위에 허락하여 주시옵소서. 오직 간절히 소망 드리옵니다.

이 땅 위에 아기 예수로 오시어 우리에게 구원의 새 길을 내어 주신 아버지, 사람 사랑하시는 그 크신 깊은 사랑에 감사 올려 드립니다. 지극히 작은 고을 예루살렘을 축복하시어 영화롭게 하시고 이 땅 위에 구원을 이루실 새로운 땅이 되게 하셨듯이 아기 예수로 이 땅에 오신 메시야이신 우리 주님 발 둘 곳 삼으시고 이스라엘 그 민족을 주님의 수종 드는 민족 삼으시고 이스라엘 그 민족을 믿음의 백성 삼으셨듯이 오늘날 이 시대에 재림주님 오시는 길을 예비하는 땅, 예비하는 민족, 대한민국 이 민족을 택하사 사용하여 주시옵소서. 이 땅끝에서 이 땅의 끝까지 이 땅에 속한 모든 섬들까지 이 땅을 밟고선 모든 족속들, 어린아이부터 노인에 이르기까지 남녀노소 무론대소하고 이방인들 나그네 된 자들까지 이 땅을 밟고선 아버지의 영을 받은 살아 있는 모든 사람이라 이름받은 백성들을 겨자씨앗처럼 신약복음 말씀의 씨앗 삼아 주시옵소서. 이 민족을 새로운 신약복음 말씀의 민족 되게 길러 주셔서 복음의 통일을 이루시는 도구로 삼아 주시옵소서.

이 땅 위에 심으신 모든 자녀들 태초 때부터 오늘까지 아버지 앞에 저지른 헤아릴 수 없이 많은 주홍빛보다 더 붉은 우리가 아버지께 저지른 수많은 죄악들 하늘을 두루마리 삼고 바다를 먹물 삼아도 다 기록하여 드릴 수 없는 헤아릴 수 없이 많은 죄악들을 용서하여 주시옵소서. 우리의 무지하고 분별없는 어두움의 죄악들 용서하여 주시옵소서. 긍휼이 여겨 주시옵소서. 수많은 죄악 속에서도 번성케 하시어 사랑으로 품어 주시고 복에 복을 더하시고, 눈동자처럼 지켜 주시며, 말씀 먹여 기르시며, 수많은 죄악 속에도 우리를 멸하지 아니하시고 사랑으로 공급하시며, 부요케 하시어 보존하여 기르시며, 이 나라 이 민족을 전쟁과 기근과 재앙을 막아 주시며, 열방 중에 뛰어난 민족 삼으시고 기르시는 이 민족이 이 시대에 말씀의 민족 되게 기르시고 축복하시고 우리의 영을 깨워 주시옵소서. 모두 헤아릴 수 없는 아버지의 끝없으신 사랑에 회개하고 자복하여 아버지 앞에 돌아온 이 민족이 되게 축복하여 주시옵소서. 성령님 불을 부으소서 기름 부으사 씻기소서 주님의 보혈로 이 민족의 죄악을 씻기시어 모든 죄악을 멸하소서. 이 민족을 통하여 하늘 아버지의 나라와 이 땅 위에 메시야로 오신 우리 주님의 피로 세우신 그리스도의 한민족, 한가족 되게 하시어 신약복음의 말씀에 통일을 이루어 드릴 수 있도록 주님의 손과 발 되어 수족 되게 하시고 걸어 다니는 말씀의 도구들이 되게 하여 주시옵소서. 이 민족 이 나라가 온전히 주님께 돌아오는 날을 속히 이루어 주시옵소서. 대한민국 이 나라가 그리스도의 피로 세워 주신 주님의 나라로 영원히 온 세계에 속히 선포되는 날을 열어 주시옵소서. 이 땅 위에 하나님의 뜻이 선하심이 끝없이 펼쳐지게 하여 주시옵소서. 아버지께서 미워하시는 모든 악한 것들을 영원히 이 땅 위에서 멸하여 주시옵소서. 이 민족을 들어 쓰소서. 아버지의 나라에 통일을 이 땅 위에 온전하고 완전하게 이루시도록 이 민족을 들어 쓰소서. 아버지 하늘 문 열어 주시어 태초 때부터 지금까지 이 땅 위에 출생하여 아버지를 만나지 못하고 육신은 흙으로 돌아갔으나 그 영혼들은 고아처럼, 미아처럼, 사단마귀에게 잡혀 어둠 속에 갇혀 떠돌며 헤매는 길 잃은 영혼들 81억 이상 이 땅 위에 살아 생존한 아버지의 영을 받은 살아 있는 자녀들보다 헤아릴 수 없이 많은 공중에 떠도는 길 잃은 영혼들 찾으시고 부르시어 아버지 권능으로 다스려 주시옵소서. 영권으로 다스려 주시옵소서. 사단마귀가 도적질한 아버지의 공중권세를 성령님 회복시켜 주시옵소서. 모든 땅이 만물들이 감추고 도적질한 영혼들 모든 바다가 삼킨 영혼들 사단마귀가 삼킨 그 영혼들을 성령님 토설하라 명령하여 주시옵소서. 물고기가 요나를 토설함처럼 사단마귀가 삼킨 아버지의 자녀들 삼킨 그 영혼들을 토설하라 명령하여 주시옵소서. 성령님 불 부으사 불검으로 찔러 쪼개시고 태우소서. 성령님 기름 부으사 길 잃은 어린양들 그 죄악을 씻기소서. 주님의 보혈로 길 잃은 어린양들 그 죄악을 씻기시어 부활의 영생의 생명을 허락하여 주시옵소서. 아버지! 하늘 문 열으시어 이 영혼들을 돌아온 탕자를 맞이하심처럼 맞아 주시고 불쌍히 여기시어 품에 안아 주시옵소서. 이 영혼들 기쁨으로 흠향하시어 아버지의 영권이 회복되시기를 간절히 구하옵나이다. 아버지 이 땅 위에 살아 있는 자녀들에게도 하늘 문 열어 주시어 아버지의 음성을 다시 들을 수 있도록 순종으로 나아갈 수 있도록 하늘 문을 열어 주시옵소서.

이 땅에 다시 오신다 하신 그 말씀을 이루시는 시작이 이곳 이 땅, 이 민족, 평강 땅 통하여 되도록 열어 주시옵소서. 이 인류 가운데 사단마귀가 쳐 놓은 사상과 이념의 공산당이라는 바벨탑들 여리고 성벽들 반목과 대립들, 분열의 영들, 분쟁의 영들, 사단마귀에 모략과 계략들, 함정들, 사단마귀가 쳐 놓은 죄악 사슬들, 그물들, 어둠의 영 부정마귀, 우상마귀 우상의 형상들, 신상들, 주술들, 재물들, 아버지께 대적하는 대적의 영, 아버지의 영광을 도적질하는 도적에 영, 거짓의 영, 시기 질투의 영, 사단마귀에 간교한 더러운 악영들이 속히 소멸되도록 성령님 진노의 불을 부으시고 불검으로 세세히 찔러 쪼개사 태우소서. 멸하소서. 성령님 기름 부으사 부정한 영들을 씻기시어 소멸케 하여 주시옵소서. 우리 주님 구원의 통일을 가로막고 있는 분단의 벽들을 인류 가운데서 멸하여 주시옵소서. 온 땅이 주님의 보혈로 씻김받아 평강 땅 1,200만 평 택하시어 재림 주님의 영원한 왕국이 세워지는 땅 되게 허락하여 주시옵소서. 들 나귀가 등을 내어 드림처럼 그 땅을 쓰소서. 이 민족을 들어 쓰소서. 그 땅을 내게 허락하시어 그 산지를 내게 주소서. 내게 분깃으로 주소서. 내 눈으로 그 땅을 목도하게 하시고 내 발로 그 땅을 밟게 하옵시고 측량하게 하여 주시옵소서. 그 흙을 이 땅을 통해 다시 오실 우리 주님 좌정하실 영원한 왕국이 세워지는 성전 건축의 첫 삽으로 떼어 아버지께 영광 올려 드리는 그 축복을 내게 허락하여 주시옵소서. 노아가 방주를 예비하여 구원에 이른 것처럼 마리아가 부활하실 주님을 기뻐하며 향유옥합을 깨뜨려 주님의 발을 씻겨 주님의 부활을 영화롭게 하여 드림처럼 평강 땅 그 땅을 향유옥합처럼 깨뜨려 주님 발 두실 땅 되게 허락하여 주시옵소서. 주님 오시는 길 닦는 도구로 이 민족을 들어 쓰소서. 인류 가운데 주님의 핏값으로 세우신 모든 교회들과 믿음의 자녀들을 통하여 인류구원의 복음과 뜻을 이루시는 시작과 끝을 맺는 도구가 되게 하여 주시옵소서. 이 민족을 통하여 열방을 깨우게 하옵소서. 기드온의 용사를 기르심처럼 이 민족 성령님 불 부으심 받은 민족 되게 깨우시어 세계만방으로 말씀의 불을 붙이는 복음의 개혁의 길을 여는 이 민족 되게 하옵소서.

이 민족 중 작은 고을 (   ) 교회를 세우시고 오늘까지 눈동자처럼 지키시며 말씀 먹여 기르시고 계시오니 주님의 자녀들을 축복하시어 사랑으로 기르시고 계시오니 깊은 감사 올려드립니다. 더욱 축복하여 주시어 말씀의 크기를 더하여 먹여 주시고 소망의 입들이 아버지의 뜻을 이 땅 위에 속히 이루시기를 간구드리는 큰 꿈꾸는 자녀들로 기르소서. 기드온의 용사들과 같이 길러 주시옵소서. 바울을 들어 쓰심처럼 자녀들을 맡기시어 양육하는 (   ) 종의 입을 더 크게 열게 하여 주시어 사용하여 주시옵소서. 하나님 앞에 정직하게 하옵시며, 주님보다 앞서가지 않게 하옵시며, 양심에 따라 정직하게 말씀을 선포하게 하옵시며, 아버지께 영광 올려 드린다 하며 아버지께 순종한다 하며 자신의 영광, 자신의 뜻을 따라가는 것은 아닌지 날마다 자신을 쳐 주님 앞에 무릎 꿇어 회개하게 하옵시며, 주님의 온유한 성품을 닮아 가게 하옵소서. 사단마귀 앞에 강하고 담대하게 하소서. 독수리 날아오름처럼 높이 날아 멀리 이끌 수 있는 성령님 능력을 부어 주시옵소서. 바울에게 영을 부으신 것처럼 영을 부으시고 이 민족을 이끌어 신약복음의 말씀의 가나안 땅으로 인도하여 드리는 능력을 부어 주시옵소서. 아버지의 뜻을 따라 주신 신약성경의 복음의 개혁을 그 입에서 날마다 늘 선포하게 하옵시며, 참된 만나와 같이 정결한 신약성경의 말씀을 주님의 자녀들에게 먹이게 하옵시며, 말씀을 먹일 때에 분별의 영을 더하여 주시옵소서. 하나님께 영광 올려드린다 하며 하나님의 영광을 가리는 종이 되지 않게 하옵소서. 주의 종의 입에 부정한 언행을 멸하여 주시옵소서. 정죄가 없게 하시어 하나님의 권능을 남용하는 자가 되지 않게 하옵소서. 겸손하게 하소서. 낮아지게 하소서. 자신은 간 곳이 없고 말씀만 담은 영이 되게 하시어 오른손이 행한 선한 일을 왼손

이 모르도록 자신의 공로를 자랑치 못하게 하옵시며, 이 민족을 이끌어 신약복음 말씀의 가나안 땅에 부흥에 불을 붙이는 참된 종이 되게 하소서. 이 시대의 구별되고 선별된 종이 되게 하여 주시옵소서. 영육 간에 지치지 않게 공급하여 주시옵소서. 필요를 채워 주실 때에 함께하는 양무리를 축복하시어 주님의 모든 자녀들의 샘에 넘치도록 채워 주시어 아버지 집에 채우고 넘쳐흘러 가는 축복을 부어 주시어 아버지의 영광을 드러내게 하소서. 아버지의 지경을 넓혀 가기에 부족함이 없게 하소서. (   ) 교회를 이곳 (   ) 땅으로 이끌어 내시어 새 지경을 열어 주시고 새 비전을 주시며, 차세대의 양육을 맡기셨사오니 우리 모두 한마음 한뜻으로 사명의 십자가를 지신 주의 종의 인도하심에 따라 차세대를 양육하는 주님께서 가신 길 주의 종이 가는 길 우리 모두 함께 따라가게 하옵시며, 꿈꾸게 하시는 모든 사역 위에 물 붓듯이 일꾼들 보내 주시고 능력을 부어 주시어 하나님의 손길이 주님의 보혈이 성령님의 능력이 항상 막힘이 없이 흐르고 열리게 하여 주시옵소서. 분열하지 않고 분쟁하지 않으며 순종으로 주님께서 가신 길 주의 종이 따라가는 길 믿음의 자녀들 모두 하나 되어 함께 달려 나아가게 하옵소서. 인적, 물적, 영적, 부으심이 성령님 불 부으심처럼, 기름 부으심처럼 넘쳐 나게 하여 주시옵소서. 기르실 양 떼를 성전 문을 닫을 수 없게 인산인해를 이루어 부어 주시고 보내 주시어 부흥케 하옵소서. 모두 합력하여 부흥하기에 감당하고도 남음이 있게 우리의 영역을 길러 주시옵소서. 이 지역의 모든 교회들이 연합하고 하나 되게 하시어 이 지역이 완전히 주님 품에 안겨 드릴 수 있도록 역사하여 주시옵소서. (   ) 교회를 통해 부흥의 불을 이 지역에 부어 주시옵소서. 주의 종의 손이 높이 들려 기도드릴 때에 주님의 자녀들 축복하시어 기도의 능력을 부으시어 주의 종에 팔이 내려오지 않게 기도의 팔을 들게 하옵소서. 기도의 함성을 지르게 하옵소서. 아버지께 대적하는 모든 부정한 악의 영들이 속히 소멸되어 아버지의 뜻이 이 땅 위에 속히 이루어지시기를 간절히 기도드리는 믿음의 자녀들, 영혼들, 심령들 되게 하여 주시옵소서. 평강 땅 1,200만 평 영원한 주님, 왕국이 세워지게 하시어 인류구원의 복음의 통일을 이루시는 주님, 발두실 곳 되게 하여 주시옵소서. (   ) 교회를 통하여 열방을 향하여 동서남북 땅끝까지 이 민족 세계만방으로 진군하게 하여 주시옵소서. 성령님! 앞서가시며 열방을 깨워 주시옵소서. 성령님 복음의 부흥의 불 부으심으로 기름 부으심으로 주님의 보혈 부으심으로 정결케 하시어 태초 때 그날이 속히 회복되게 하여 주시옵소서. 온 인류가 예수님의 이름으로 신약복음 말씀의 가나안 땅을 향하여 한마음 한뜻 한곳을 바라보며 향하게 하옵소서.

아버지의 자녀들을 주님께 인도하는 종 (   ) 아버지의 아들 삼으시고 제사장으로 택하시어 오늘까지 들어 쓰고 계시오니 이 종을 들어 쓰심이 아버지의 뜻 가운데 택함 가운데 들어 쓰심이 되게 하여 주시옵소서. 아버지 이 종이 세상 풍조를 따라가지 않게 하옵시며, 맡기신 자녀들 교회 안에 부정한 모든 것들 새롭게 하소서. 하나님을 섬긴다 주님을 섬긴다 자랑하며 자신이 주인 되어 있는 거짓의 영, 도적의 영, 대적의 영, 성령님 진노의 불검으로 진노의 불을 부으시고 세세히 찔러 쪼개사 태우소서. 멸하소서. 떨기나무 가운데 임하셨던 영원히 꺼지지 않는 불길로 인류 가운데 주님의 핏값으로 세우신 모든 성전의 성소 가운데 임재하시어 아버지의 말씀의 검이 되게 하소서. 말씀의 불이 되게 하소서. 온 성전을 소제하시고 부르심 받은 자녀들 안과 밖을 태우시고 성령님 기름 부으시어 씻기소서. 어린양 유월절 그 보배피로 온 성정을 씻기시고 부르심 받은 자녀들 안과 밖을 씻기소서. 처음 지으신 때에 그 영과 육을 회복게 하여 주시옵소서. 교회를 세우신 목적이 회복되게 하시고 교회를 지키는 레위 지파 삼으신 종들이 본질의 목적이 회복되게 하시고 거룩하신 말씀이 모든 심령들을 쪼개고도 남는 불의 말씀이 회복되게 하여 주시옵소서. 주님의 핏값으로 세우신 교회들과 믿음의 자녀들 통하여 온 땅 위에 복음의 부흥의 불을 다시 한 번 부어 주시어 모든 나라와 민족들이 주님 앞으로 다투어 달려 나아오게 하여 주시옵소서. 우리가 하나님을 섬길 때에 주님을 따를 때에 우상을 섬기듯 섬기는 죄악을 범치 않게 하여 주시옵소서. 주의 종 (   ) 아버지 아들 삼으셨사오니 바울보다 더 크게 쓰실 수 있도록 그 그릇을 넓혀 주소서. 정금같이 다듬으사 아버지의 뜻을 담아 쓰실 수 있도록 크기와 넓이와 길이와 깊이를 더 크게 키워 주시어 이 시대의 모든 종들 위에 뛰어나게 길러 주시어 아버지의 크신 계획을 담아 쓰실 수 있도록 그 영혼의 심령의 지경을 확장시켜 주시옵소서. 모든 교회의 기관들 확장하시고 넓혀 가시기에 주님의 강력하신 신뢰받는 종들 되게 하소서. 말씀 선포의 영역을 넓혀 주소서. 지혜와 명철로 종들의 입을 채워 주소서. 주님의 종들의 입에 기도의 불을 부으소서. 더 크게 기도드리도록 그 영들을 붙드소서. 종들의 심령 안에 바다를 담아도 감당할 수 있는 그릇들 되게 하옵소서. 아버지의 뜻을 주님의 일하시는 모든 뜻을 감당할 수 있는 도구가 되게 하여 주시옵소서. 주의 이름으로 그 종들이 기도드릴 때에 십자가 의지하여 세상과 싸울 때에 지혜와 명철로 십자가 중심을 세워 주시고 말씀을 오도, 오판하여 전하지 않도록 말씀 앞에 온전히 바로 서게 하여 주시옵소서. 주의 종들이 신분을 망각하여 맡기신 주님의 자녀들을 가르친다는 명분으로 정죄하지 못하게 하소서. 비난하지 못하게 하소서. 주님의 온유하신 성품으로 맡기신 자녀들을 양육하게 하옵시며, 성령님 주님의 종들의 심령 위에 불을 부으소서. 기름을 부으소서. 주님의 보혈 부어 주시어 늘 새 힘을 넘치도록 채워 주시고 죽으면 죽으리라 하는 믿음과 주님을 사랑하는 믿음으로 담대하게 하소서. 사단마귀를 이기고도 남음이 있게 하소서.

종들을 수종 드는 일꾼들을 축복하시어 능력에 능력을 더하소서. 베드로와 바울을 세우심처럼 동서남북 땅끝에서 땅끝까지 일꾼들을 세계만방으로 주님의 교회로 파송하시어 보내 주시고 불러 주시며 합력하여 선을 이루게 하옵소서. 아버지의 지경을 넓혀 가기에 부족함이 없게 하여 주시옵소서. 아버지의 영광을 드러내는 도구들 삼아 주시옵소서. 주님의 핏값으로 세우신 신약복음의 말씀을 선포하며 그 말씀의 길을 인도하며 나아가기에 걸림이 없게 하옵소서. 막힘이 없게 하옵소서. 세계의 모든 나라를 깨우실 때에 만민을 깨울 각 나라에 세우신 왕들을 사울이 변화되어 바울 되게 하시어 오늘까지 주님의 종 삼으신 것처럼 이 시대에 각 나라에 세우신 왕 된 자들을 부르시어 그리스도 나라에 종 삼아 주시옵소서. 왕의 왕 되시는 주님께서 다스리시는 자녀로 거느리소서. 길러 주시옵소서.

왕들이 왕관을 주님 발 앞에 내려놓고 나라와 민족을 예물로 올려 드리며 겸손히 엎드려 경배드리는 날을 속히 열어 주시옵소서. 왕들의 세상을 우상을 섬기는 자들, 메시야로 이 땅에 오신 주님을 부정하는 자들을 거듭나도록 깨워 주시어 주님의 영원한 자녀들 되게 하여 주시옵소서. 세상 모든 권세와 영화를 누리는 자들 아버지께 능력 받아 사단마귀와 짝하며 사단마귀 우상마귀들에 종 노릇 하는 데 쓰이는 배반의 영들 그들에게 있는 모든 권세와 능력과 재물과 지혜와 명철과 시간과 달란트를 모두 빼앗으시고 거두어들이시어 하나님께 순종하며 아버지의 나라 이 땅 위에 임하시도록 일하는 일꾼들에게 들어 옮겨 부어 주시옵소서. 아버지의 지경을 넓혀 가며 말씀에 순종하는 일꾼들에게 들어 옮겨 부어 주시옵소서. 무지함으로 우상을 의지하는 영혼들을 깨워 주시옵소서. 하나님의 영을 받은 자녀들 성령님 불 부으소서. 태우소서. 기름 부으사 씻기소서. 주님의 보혈로 씻기시어 정결케 하옵소서. 세계의 모든 나라들 우상이 새겨진 화폐들을 성령님 불을 부으사 태우소서, 기름 부으사 씻기시어 부정한 것들을 멸하소서. 주님의 보혈로 각 나라에 화폐에 새겨진 우상과 형상들을 씻기시며 소멸시켜 주시옵소서. 하나님께서 새롭게 말씀으로 창조하여 주시는 화폐로 온 세상이 통용하게 하시어 우리에게 다스리라 주신 만물들 우리가 잃어버린 권세와 능력들, 재물들 아버지의 권능으로 찾아 주시옵소서. 친히 통치하여 주시옵소서. 주님의 손과 발 되어 아버지의 권능을 이 땅 위에 나타내 주시옵소서.

세계 만민 중에 기르시고 계시는 기드온의 용사들처럼 온몸과 마음으로 기도드리는 아버지의 자녀들 급속하게 말씀 먹여 기르시는 어린양들 아버지께서 들어 사용하실 도구들 되게 하여 주시옵소서. 기드온의 용사들로 주님의 영원한 왕국의 시온 성벽들 삼아 주시옵소서. 파수병들 삼아 주시어 재림주님의 영원한 왕국에 말씀의 용사들 삼아 주시옵소서. 번성하고 번성하여 성경에 기록하신 이사야 60장에 언약하신 말씀대로 이 땅 위에 속히 이루어 주시옵소서. 아버지의 뜻을 이 땅 위에 속히 이루소서. 너의 입을 크게 열라 내가 채우리라 하신 말씀대로 구하오니 일천 번째 재단 위에 역사하여 주시옵소서. 큰 꿈꾸는 자가 되라 하신 말씀 따라 구하오니 내 꿈이 부르짖는 이 기도가 아버지께서 들어 쓰시는 이 땅 고쳐 주시는 도구로 택함 받은 이 기도 되길 원하옵나이다. 티끌만도 못한 내 안에 계시는 주님께서 이렇듯 내 마음을 주장하시오니 시인하여 드리는 번제단의 이 기도가 멈추지 않게 지켜 주시옵소서. 세계 만민을 깨우는 기도의 겨자씨앗 삼아 주시옵소서. 작고 작은 이 땅 이 민족이 아버지의 뜻을 이루어 드리는 민족 되게 세워 주시어 신약복음의 말씀을 이루시는 도구가 되게 하여 주시옵소서. 아버지의 택함받은 민족 삼아 주시옵소서. 신약말씀으로 세워진 땅 말씀으로 기르시는 민족 제2의 선민 삼아 주시옵소서. 구원의 촛대를 옮겨 받은 이 민족 삼아 주시옵소서. 광야를 40년 돌아 가나안 땅에 입성시키셨던 그날에 그 역사를 오늘날 이 땅 이 민족을 통하여 81억 이상 이 땅에 아버지의 영을 받은 살아 있는 자녀들 신약복음 말씀이 생명이 되게 하시고 걸어 다니는 말씀의 도구들 되게 하여 주시옵소서.

모든 악의 근원 사단마귀와 우상마귀 성령님 불을 부으소서. 태우소서. 멸하소서. 성령님 기름 부으시어 씻기사 멸하소서. 주님의 보배 피로 씻기사 정결케 하옵소서. 성령께서 일하시는 새 하늘 새 땅 새 길 구원의 신약복음 말씀에 가나안 땅으로 완전히 이주하는 완성을 이 땅 위에 속히 이루어 주시기를 간절히 소망 드리오며, 준비된 선택하신 주님의 용사들을 통하여 영영한 하나님의 나라가 이 땅 위에 속히 이루어지시며, 온 땅이 어둠을 밝히시는 그리스도의 광명의 빛에 나라가 속히 임하시기를 간절히 구하옵나이다. 그리스도의 이름으로 온 인류가 예수님의 이름 안에 한 민족이 되게 하소서. 아버지 말씀에 통일이 이 땅 위에 이루시도록 아버지의 뜻을 성취하여 드리도록 도구로 우리를 사용하여 주시옵소서. 나중에 된 자녀들을 통하여 잠자는 먼저 된 영들을 깨우게 하소서. 아버지의 기쁨 되는 영생을 받은 자들 되도록 역사하여 주시옵소서. 믿음 없는 백성을 깨우사 이 땅 위에 십자가 그리스도의 믿음의 군대가 되게 하옵소서. 주님의 십자가 외엔 아무것도 우리에 눈과 귀에 심령 위에 보이지도 들리지도 않게 하옵소서. 악의 영들이 침노하지 못하도록 우리의 영을 지켜 주시옵소서. 주님의 십자가 외에는 아무것도 이 땅 위에서 바라볼 것이 없게 하옵소서. 너희는 기도하라 하늘에서 아버지께서 들으시고 아버지 귀에 들린 대로 행하시며 이 땅 위에 이루리라 말씀하셨나이다. 이 기도가 아버지의 귀에 들리길 원하오며, 들으신 때에는 반드시 이 땅 위에 응답을 부으시고 채워 주실 것을 믿습니다. 아버지의 뜻을 이 땅 위에 속히 이루실 것을 믿습니다. 아버지의 말씀으로 창조하신 만물들과 손수 빚으시고 아버지의 거룩하신 형상에 영을 부어 주시며, 사람이라 이름을 주시고 걸어 놓아 다니게 하시어 보기에도 아깝다 하셨던 그때로 우리 모두 돌아갈 길을 열어 주시옵소서. 아버지의 말씀과 창조로 지음 받은 축복의 통로 안에 거한 것 외에는 모두 이 인류 가운데에서 멸하여 주시옵소서. 이 땅 위에 날마다 심으시는 아버지의 영을 받은 자녀들을 사단마귀가 훔치고 도적질 하나이다. 아버지 이 원통하고 분함을 고하오니 이 원한을 사단마귀에게 갚아 주소서. 내가 이 땅에서 저주할 것은 오직 사단마귀 우상마귀뿐이오니 내가 십자가 방패와 말씀의 창으로 사단마귀 우상마귀를 향해 나아갑니다. 내가 이 땅에서 저주하면 하늘 아버지께서도 저주하신다 말씀하셨사오니 사단마귀 우상마귀를 저주하여 주시옵소서. 아버지의 자녀들인 우리에 심령을 훔치고 도적질하는 사단마귀 우상마귀를 저주하나이다. 사단마귀가 아버지의 자녀들인 우리에게 심은 대로 행한 대로 갚아 주시옵소서. 아버지께 대적하는 사단마귀의 계략과 모략이 무너지고 소멸되게 하여 주시옵소서. 모든 악의 재앙을 사단마귀에게 던져 주시옵소서. 사단마귀의 올무가 되게 하시고 사단마귀가 쳐 놓은 그물에 사단마귀가 갇히게 하옵시며, 사단마귀가 파 놓은 함정에 사단마귀가 빠지게 하옵시며, 모든 죄악의 사슬들을 두루마리처럼 말으시어 사단마귀에 영원한 멍에가 되게 하옵소서. 이 땅 위에 아버지의 자녀들을 질병에 멍에를 씌워 고통당하게 하며 일그러지고 찌그러진 상한 영혼과 육체들 되게 하여 하나님의 영광을 도적질하는 악의 영들 질병의 근원들과 재악의 고통들, 사단마귀가 심은 것이니 심은 자에게 돌리신다 하신 말씀을 이루소서. 심은 대로 거두게 하여 주시옵소서. 사단마귀를 영원히 그 고통 속에서 헤어나지 못하게 하옵소서. 모든 악의 착고가 사단마귀 죄악의 뿌리 씨앗 근원까지 사단마귀에게 올무가 되게 하여 주시고 우리 주님 사단마귀에 참소로 십자가에서 겪으신 그 고난과 고통이 사단마귀가 심은 것이니 우리 주님 십자가에서 겪으신 고난과 고통이 영원한 사단마귀에 고통이 되게 원수를 갚아 주시옵소서. 사단마귀가 주님께 심은 대로 행한 대로 갚으리라 하신 말씀을 속히 이루어 주시옵소서.

십자가 사망권세를 깨뜨리시고 부활 승리하시어 사단마귀의 쏘는 계략을 조롱하심 속에 못 박히셨던 그 십자가에 사단마귀가 달리게, 이 땅에 모든 죄악 사슬을 두루마리처럼 말으시어 사단마귀의 이마에 명패로 매어 주시어 주님 내려오신 그 십자가에 못 박혀 달려서 저 타는 어둠의 지옥 불 고통 속에 던지시어 영원히 그 십자가에서 내려오지 못하게 하옵소서. 말씀하신 저 어둠의 무저갱에서 영원히 패배에 이를 갈음이 되게 하소서. 말씀하신 저 타는 지옥 고통에 불속에서 영원히 갇혀 눈먼 영이 되게 하옵소서. 주린 영이 되게 하여 주시옵소서. 아버지 우리의 죄악으로 더럽혀진 이 혼탁한 하늘(공중)을 주님의 보혈로 깨끗이 씻겨 주시옵소서. 이 혼탁한 하늘 첫사랑에 낙원의 그 하늘을 열어 주시옵소서.

아담과 하와가 범죄하기 전 그 에덴의 동산의 하늘과 땅을 열어 주시옵소서, 오늘날 이 땅 위에 우리의 죄악으로 더럽혀진 하늘과 땅을 주님의 보혈로 씻겨 주시옵소서. 성령님 불 부으사 태우시고 기름 부으사 온 하늘과 땅을 씻기시어 정결케 하옵소서. 오직 아버지 아니시고는 만져 주실 자가 고쳐 주실 자가 없나이다. 우리를 사랑하시기가 끝이 없으신 아버지 처음 창조하셨던 첫사랑의 그 하늘을 유리 바다처럼 수정 바다처럼 새 하늘 새 땅을 열어 주시옵소서, 우리에게 주신 첫사랑의 그 호흡을 열어 주시옵소서, 회복시켜 주시옵소서, 나의 영혼으로 엎드려 나의 생명을 아버지께 올려 드리며 기도드리오니 아버지 음성을 듣던 그때로 그날로 회복시켜 주시옵소서, 다시 한 번 하나님의 음성을 이 땅에서 아버지의 자녀들인 우리가 들을 수 있도록 새 하늘과 새 땅을 여러 주시옵소서, 낮과 밤을 가르셨듯이 하나님의 광명의 빛이 이 땅에 가득하도록 승리하신 우리 주님의 머리 위에 부으실 때 낮에 해도 밤에 달도 그 빛을 가리지 못하리라 말씀하신 광명의 빛으로 온 땅을 덮어 주시옵소서, 하늘 아버지의 세계와 사단마귀 숨은 어둠은 영원히 멀어져 함께 거하지 못하리라 하신 말씀대로 이 땅 위에 속히 이루소서, 모든 생명 가운데 살아 역사하는 주님의 자녀들이 아버지의 빛의 세계와 사단마귀가 숨은 어둠의 세계가 홍해가 갈라짐처럼 우리들의 영혼들이 한 영혼도 잃어버림이 없이 거듭나는 영혼의 홍해가 갈라지게 하시어 영생의 빛 가운데 이르게 하소서, 이 땅에 다시는 사단마귀 우상마귀 계략과 유혹과 미혹과 시험과 참소에 빠지지 않게 깨워 주시옵소서. 사단마귀 우상마귀를 구별하고 분별하게 깨워 주시옵소서.

참빛의 자녀들의 권세를 회복시켜 주시길 원하오며, 오직 주님 오실 날을 소망하며 구름 타고 오신다 하신 그 언약의 구원에 등불 든 순결한 신부처럼 준비된 자녀들 되게 하소서. 어둠을 밝히시며 광명의 빛으로 오신다 하신 천국의 권세로 이 땅에 영원한 왕국에 왕으로 오시어 영생의 생명을 주시러 오신다 하신 주님께서 말씀하셨나이다. 천국에 이를 자가 있겠느냐 낙타가 바늘귀를 통과함과 같으리라 늘 깨어 기도하라! 항상 기뻐하라! 범사에 감사하라! 지극히 작은 자에게 베푼 것이 주님께 행함이라. 오른손이 행한 선한 일을 왼손이 모르게 하라! 구원에 이른 자녀들을 오른편에 세워 주신다 말씀하셨사오니 이 말씀의 권세 주님을 믿는 구원받은 모든 자녀들이 이 말씀을 받게 허락하여 주시옵소서. 우리 모두 회개하고 자복하여 거듭나 아버지 사랑에 합한 자녀들 되게 하옵소서. 아버지 마음 헤아리는 아버지 마음 돌아보는 자녀들 되게 하여 주시옵소서. 하나님은 빛이시오 사단마귀는 배반자 되어 어둠에 숨었사오니 빛과 어둠이 섞이지 못함처럼 사단마귀는 어둠에서 왔사오니 택한 그 어둠으로 돌아가게 다스려 주시옵소서. 아버지의 자녀들인 우리의 무지한 영혼에 잠을 깨워 주시어 충만한 성령의 깨달음에 영을 부어 주시어 어린양들이 사단마귀 우상마귀를 구별하고 대적하게 하옵소서. 급속히 말씀으로 성장하게 하옵소서. 주님께서 택하신 자녀들을 주님의 보혈로 날마다 전신갑주 입혀 주시옵소서. 구별되고 선별되게 하여 주시옵소서. 먼저 믿는 자녀를 통하여 주님을 영접하는 길이 되어 드릴 수 있도록 주님의 손과 발 되어 수족 되게 하소서. 주님께서 구원의 도구로 쓰실 수 있도록 먼저 된 자녀들 잠을 깨워 주시옵소서. 졸지 않게 하소서. 부르실 때 즉시 응답할 수 있도록 망대에 세운 파수병들처럼 깨워 주시옵소서, 이들을 통해 믿음 없는 백성들을 건지시는 구원의 도구들 되게 하옵소서, 영원한 왕국, 이 땅에 세우실 때에 평강 땅을 기억하여 주시옵소서, 지명하여 주시옵소서, 주님이 다시 오시는 길을 예비하는 땅, 이 땅이 민족 중 평강 땅 예루살렘을 들어 쓰심처럼 그 축복 그 영광 받은 대한민국 평강 땅 택하사 오소서, 이 민족 새벽을 깨우는 동방의 작은 나라 부지런한 이 민족 깨우시어 땅의 소산을 위하여 부지런한 이 민족 깨우소서.

영의 사람들 재림 주님 오시기 위하여 들어 쓰시는 제2의 이스라엘 민족 삼으시고 선민 삼으시고 무르익은 들에 곡식을 베기 위하여 낫을 든 농부처럼 영혼 추수에 낫을 든 아버지의 자녀들 영을 추수하는 영혼 추수꾼으로 이 민족을 세워 주시옵소서, 사용하여 주시옵소서, 준비된 기드온의 용사들처럼 이 민족 말씀 먹여 기르시어 주님의 피로 세우신 신약복음 말씀이 가나안 땅으로 인도하여 드리는 복음에 나팔수 삼아 주시옵소서, 영혼 추수의 오병이어의 기적을 나타내는 복음전파에 크신 능력 부름받은 이 민족 되게 하소서, 다시 한 번 이 민족 통하여 마가 다락방에 부으신 성령의 복음이 부흥에 불을 온 땅끝에서 땅의 끝까지 부어 주시어 동서남북 세계만방으로 성령님 다시 한 번 복음의 불을 온 인류 위에 부으소서, 택함받은 일꾼들 통하여 복음의 나팔 부는 곳마다 성령님 구름 떼처럼 양무리를 부르시고 듣는 귀들을 축복하시어 눈들에 눈꺼풀이 열어지도록 성령님 말씀 선포하는 나팔수의 영에 불을 부으소서, 나팔수들을 통해 말씀이 선포될 때에 듣는 자들의 심령에 뜨겁게 불을 부으사 주님을 영접하는 무릎 꿇고 회개함으로 십자가 보좌들로 자신들을 내어 드리게 하소서, 아버지의 영을 받은 자녀들 한 영혼도 주님을 영접하지 않고는 견딜 수 없는 영들 되게 하소서, 영접하는 자녀들 심령 문을 열어 주소서, 주님의 성전 되게 하소서, 복음의 좁은 문, 좁은 길, 복음의 대로로 열리게 허락하여 주시옵소서. 복음의 길을 따라 영원한 왕국을 세우기 위하여 돌아오도록 성령님 인도하여 주시옵소서. 돌아오는 자녀들 영원한 왕국에 성전 모퉁이 돌들 되게 하옵소서, 도구로 건지시어 성경에 기록하신 이사야 60장 말씀의 언약대로 이루어지게 하여 주시옵소서. 만국의 왕들을 통하여 인류 복음의 통일을 이루시는 시작과 끝을 맺는 도구들 되게 하여 주시옵소서. 아버지께서 택하신 날에 들어 쓰소서. 예수님의 십자가 외에는 바라볼 것이 없게 하옵소서. 주님 피 흘려 십자가로 세우신 신약복음 말씀만이 영원이 이 땅에 아버지의 자녀들 통하여 말씀이 걸어 다니게 하옵시며 신약복음 말씀의 통일을 이 땅 위에 속히 이루소서. 말씀이 생명이 되게 하옵시며 생명의 양식이 되게 하옵소서.

사단마귀가 아버지의 영광의 능력을 도적질하는 이 땅 위에 부정하며, 사악하며, 영혼을 도적질하는 악의 영 사단마귀 더러운 말 죄악에 말들 뿌리도 근원도 없는 죄악진 말을 문화콘텐츠 속에 숨어서 더럽고 악이 가득 찬 저주의 말들, 형상들, 문화들, 만들어 숨기고 감춰 아버지의 자녀들 영혼을 혼탁하게, 타락하게 죄악에 빠트리는 부정한 모든 악령들 하나님의 영광을 도적질하는 도적의 영, 대적의 영, 아버지께서 미워하시는 사단마귀에 더러운 계략들, 모략들, 무너지고 소멸되도록 성령님 불을 부으시고 태우사 멸하소서. 성령님 기름 부으사 정결케 씻기소서. 주님의 보배피로 온 하늘과 땅을 씻기시어 이 땅 위에 악을 멸하소서. 태초 때 그날이 속히 회복되게 하여 주시옵소서. 아버지의 권능이 영권이 공중권세를 속히 회복시키시도록 성령님 쉬지도 주무시지도 졸지도 잠들지 마시고 일하여 주시옵소서. 아버지 여전히 말씀으로 창조하여 주시옵소서. 우리 주님 피로 세워 주신 신약복음 말씀 외에는 모두 멸하사 메시야이신 우리 주님을 이 땅 가운데에서 사칭하는 악의 영들을 멸하여 주시옵소서.

사람이 빵으로만 살 수 없으니 말씀의 빵 주님의 보혈의 생명수로 산다 말씀하셨사오니 신약성경 속에서 구원의 길을 찾도록 아버지의 모든 자녀들의 영을 깨우시고 기르소서. 가르쳐 알게 하도록 먼저 믿는 자녀들 온전한 고쳐짐을 입혀 주시옵소서. 이들을 통해 길 잃은 영혼들 구원의 망대가 되게 하소서. 모든 나라와 민족들이 젖을 빨듯이 신약성경 말씀의 젖을 각 영혼들에게 공급하여 주시옵소서. 평강 땅을 지명하시고 주님 오시는 길이 되게 하옵시며 재림주님 오시는 영광을 입은 땅 되게 축복하여 주시옵소서.

내게 평강 땅 분깃으로 주시어 아버지 오시는 길 예비하는 자의 축복 주시어 아버지 만나 뵐 때에 부끄럽지 않게 하여 주시옵소서. 나의 태를 통해 이 땅으로 부르신 (   ) 자녀들에게 오늘까지 눈동자처럼 지키시며, 돌보시며, 공급하시고 사랑으로 기르시고 계시오니 깊은 감사 올려 드리옵니다. 이 자녀들 더욱 축복하시어 말씀의 믿음의 반석들 되게 길러 주시옵소서. 오직 뜻하시는 주님의 공로를 늘 그 입술들로 선포하게 하옵시며 아버지께서 자신들을 창조하신 택함을 늘 인정하며 공급자로 선포하게 하옵시며 우리 주님의 십자가로 세워 주신 신약복음 말씀의 가나안 땅을 영생을 만대에 이르기까지 유업받은 자녀들로 길러 주시옵소서. 아브라함에게 주신 언약을 말씀을 유업받은 자녀들 되게 축복하여 주시옵소서. 늘 이 자녀들 입에서 아버지께 드리는 예배와 헌신과 감사와 찬송과 기도가 멈추지 않게 지켜 주시옵소서. 늘 주님의 보혈을 전신갑주를 이 자녀들 자손들에게 입혀 주시어 만사형통의 복을 부어 주시옵소서. 사단마귀가 이 자들 자손들의 삶을 보지 못하고 넘어가도록 주님 못 자국 난 보혈의 손으로 덮으시고 보호하사 늘 동행하여 주시옵소서.

주님 오실 예비된 땅 평강 땅을 축복하시어 모든 나라와 민족들이 손들고 주님을 영접하러 돌아오는 땅 되게 하소서. 아버지의 소원 하늘 아버지의 나라와 이 땅 주인 되시는 예수님의 한 민족 되게 고쳐 주시어 아버지의 말씀의 통일을 이루어 드릴 그날을 이 땅 위에 속히 열어 주시옵소서. 주님 피 흘려 세우신 구원의 말씀, 통일의 옷을 각 영혼들에게 입혀 주시옵소서. 우리의 영생을 회복시켜 주시옵소서. 속히 하나님의 영광을 드러내 주시옵소서. 처음 창조하신 때에 보기에도 아깝다 하셨던 그때로 아버지께 기쁨을 드리던 그날로 인류가(우리 모두가) 돌아갈 길을 열어 주시옵소서. 사단마귀의 유혹과 미혹이 우리의 눈과 귀를 가리고 우리의 마음을 가리고 신이라 사칭하는 우상들을 멸하여 주시옵소서. 오직 주님 피 흘려 세우신 십자가를 붙잡고 일어서게 하소서. 이기고 극복하게 하소서. 우리의 영에 스스로 계신 아버지의 능력의 영을 부어 주셨사오니 성령님 잠자는 영들을 불검으로 깨우사 주님을 향하여 깨어나게 하소서. 십자가를 붙잡고 의탁하게 하옵소서. 온 땅 위에 모든 족속들에게 모세를 통하여 명하셨던 놋뱀을 세우시어 바라봄에 길을 열으셨듯이 평강 땅 인류 구원의 십자가 표적이 세워진 땅 되게 축복하여 주시옵소서. 온 세상이 그리스도의 한 몸이 되게 축복하여 주시옵소서. 한 형제, 자매 한 가족, 한 가정이 되게 하소서. 아버지 오시는 길 주님의 십자가로 길을 열어 주시고 아버지께서 소망하시는 아버지의 뜻을 이루시어 우리를 통해 아버지의 뜻이, 아버지의 기쁨이 회복되시기를 오직 간절히 소망하옵나이다. 영원한 생명과 영원한 낙원이 회복시켜 주심으로 기뻐하시는 아버지의 기쁨에 참여하는 자들이 되도록 우리의 영혼의 잠을 깨워 주시옵소서. 아버지의 뜻이 온전하고 완전하게 이 땅 위에 속히 이루시길 간절히 소망드리옵니다. 아버지의 기쁨이 이루어지기를 꿈꾸며 아버지의 아픔이 사라지며 아버지의 피눈물이 씻어지기를 원하며 완전한 승리하심으로 환하게 웃으시는 아버지의 기쁨이 속히 회복되기를 간절히 구하옵니다. 아버지의 회복하신 기쁨을 우리에게 부어 주실 때에 모두 천진한 어린아이 영들로 회복되어 아버지의 기쁨이 참여하는 그날을 꿈꾸며 소망 하옵나이다. 사람이라 이름 주신 아버지의 영을 받아 이 땅 위에 거주하는 모든 족속들에게 영원한 생명을 소생시켜 주시옵소서. 영생을 찾아 아버지께 우리 모두 돌아갈 길을 열어 주시옵소서.

아버지 이 땅 위에 모든 사제라 자칭하는 자들을 고쳐 주시옵소서. 말씀을 오도 오판하여 하나님의 말씀과 세상 말과 사단마귀의 말을 섞어서 전하며 세상을 혼돈에 빠뜨린 죄악들을 회개하고 자복하게 하옵소서. 버리지 마시옵고 고쳐서 사용하여 주시옵소서. 모든 종들이 하나님 앞에 저지른 죄악이 무엇인지 깨달아 알게 하옵시며 종들이 말씀을 팔아 주님의 자녀들의 삶과 시간과 재물들을 도적질하여 하나님의 영광을 도적질한 그 죄악들을 엄히 징벌하옵소서. 거듭나게 깨워 주시옵소서. 주님께서 도구로 쓰실 수 있도록 부족함이 없게 고쳐 주시옵소서. 이 땅 위에서 주님을 섬긴다 말하는 종들을 치시어 양심을 선언하게 하옵시며, 주님을 섬기기에 주님의 자녀들을 섬기기에 좌로나 우로나 치우쳐 섬기지 않게 깨닫게 하옵소서. 주님의 십자가 중심을 세워 주소서. 주의 종들이 하나님의 제단 앞에 예배드릴 때에 거룩의 옷, 주님의 보혈의 옷을 전신갑주 입혀 주시어 오직 십자가 진심으로 피로 세워 주신 신약복음 말씀만을 선포하는 성경에 대하는 정직한 양심으로 말씀을 선포하게 하옵시며 구약말씀을 팔아먹는 양의 탈을 쓴 이리들과 같이 하나님 제단 앞에 서지 못하게 하여 주시옵소서. 알면서도 양심 팔아먹는 위선자들 영으로 아버지의 제단 앞에 서지 못하게 하옵소서. 하나님의 아들 되시는 주님의 십자가 피를 통하여 새롭게 이 땅 위에 창조하시어 우리에게 허락하신 신약복음 말씀 외에 구약말씀 팔아먹는 행위와 세상 것들과 사단마귀가 심은 부정한 말들을 주님의 자녀들에게 섞여 먹이지 못하도록 엄히 꾸짖으소서. 징벌하여 주시옵소서. 우리 주님의 피로 세우신 십자가 보혈의 말씀 신약복음의 말씀만을 정직하게 먹이도록 모든 종들을 새롭게 훈육하소서. 온전케 하옵소서. 양심에 따라 참 믿음의 반석들로 거듭나게 하소서. 정금같이 연단하시어 정직한 영들로 잘했다 칭찬받는 종들로 새롭게 빚어 주소서. 주님 입에서 난 말씀의 꼴로 주의 어린양들의 영을 주리지 않도록 영혼의 만나를 공급함처럼 신약복음 말씀의 능력의 빵을 먹이도록 진실로 신실하게 하소서. 정직하게 하소서. 말씀 팔아먹는 양의 탈을 쓴 이리들처럼 위선자들 되어 하나님과 사단마귀 세상마귀을 겸하여 섬기는 죄악에 빠지지 않도록 늘 붙들어 주시옵소서.

이 인류 위에 말씀이 서게 하는 길은 모든 산 자들의 행위의 십일조가 세워져야 한다 말씀하시고 계시오니 행함으로 기쁜 마음으로 교회를 향하여 세상을 향하여 섬김의 십일조, 헌신의 십일조, 사랑의 십일조, 기도의 십일조, 시간의 십일조, 구제의 십일조, 나눔의 십일조, 이 모든 행함이 주님께서 성경에 기록하시어 우리에게 말씀하시고 계시나이다. 주님의 가르치심의 참된 길을 따라 행할 때에 주님을 기쁘시게 하며, 이 모든 행함이 진실로 가르치신 행함이라 주님께 행함이라 말씀하시고 계시오니 주님의 모든 종들이 이 땅 위에 모든 자녀들이 이 가르치심에 붙들리게 하여 주시옵소서. 주님 앞에 무릎 꿇어 회개와 자복으로 거듭나 순종하게 하옵소서. 하나님을 섬기기에 주님을 섬기기에 진실하게 하소서. 정직하게 하소서. 이 땅 위에 모든 나라와 민족 위에 주님의 핏값으로 세우신 성전과 하나님을 창조주로 인정하며 섬기는 모든 섬김과 순종이 자신들을 내려놓은 진실된 섬김이 되게 하여 주시옵소서.

특별히 (   ) 교회에 심으신 마리아 삼고 마르다 삼으신 직분자들 겸손하게 하소서. 자기를 주장하지 않게 하옵시며 날마다 영의 사람들로 성숙되어 가는 부활이 넘치게 하여 주시옵소서. 다투고 시기 질투하며 자신들의 주장을 더 사랑하는 이기심들 덜 깨어 남들 성령님 산산히 부서지게 하여 주시옵소서. 거룩하신 하나님의 분신들답게 거룩한 용서의 열린 마음들 되게 하여 주시옵소서. 교회의 번성을 시기 질투하는, 분열하며 분쟁하게 하는 사단마귀의 계략에 빠지지 않게 한 영혼 한 영혼 자신을 지키기에 성령의 투구를 쓰고 말씀의 창을 들고 주의 보혈로 전신갑주를 입고 대적할 힘들을 성령님 입혀 주시옵소서. 하나 되게 하소서. 겸손하게 하소서. 낮아지게 하소서. 져 줌으로써 이기는 자들 되게 하소서. 사단마귀가 하하호호 웃으며 손뼉 치지 못하도록 입들을 침묵으로 닫히게 하옵시며 할렐루야 아멘만 입들을 가득 채워 주시어 오직 주님께서 주시는 말씀만 귀 기울이는 열정 믿음의 훈련병들 되게 하여 주시옵소서.

아버지 이 땅 위에 모든 주님의 종들이 대접받기를 즐겨하나이다. 아버지 이 죄악들을 회개하고 자복하게 하옵소서. 주님께서 섬김 받으러 오신 것이 아니라 섬기러 오셨다 하신 그 말씀을 본받아 진실로 섬기기에 정직한 종들 되게 하소서. 오직 주시기만을 기뻐하시며 즐겨하셨던 주님의 아가페 사랑을 진실로 닮아 가게 하여 주시옵소서. 아버지 오늘날 이 인류 위에 주님의 십자가 핏값으로 세우신 세계의 주님의 모든 성전에 모여 늘 깨어 기도드리는 주님의 성도들과 일꾼들 더욱 축복하시어 기도의 영역을 넓혀 주소서. 사단마귀가 아버지께 대적하려는 모든 부정한, 교활한 악령들을 성령님 진노의 불을 부으시고 태우시고 기름 부으사 씻기시고 주님의 보혈로 온 하늘과 땅을 씻기시어 이 땅에 악령을 멸하소서. 태초 때 그날이 속히 회복되시기를 새 하늘 새 땅이 속히 열리기를 간절히 부르짖어 기도드리는 영혼 심령들 되게 하옵소서. 그 입들을 더 크게 열게 하시어 아버지의 마음에 합당한 기도꾼들로 이 땅 위에 굳게 서게 하여 주시옵소서.

성령님 기도드리는 자녀들 영에 불 부으시어 진실로 아버지의 뜻을 이 땅 위에 속히 이루어 주시기를 간절히 간구드리는 열린 마음, 열린 입술들 되게 하옵소서. 이미 다 주시고 예비하신 축복을 탐심과 자신의 뜻으로 세상 것을 구하지 않게 하여 주시옵소서. 아버지 이 땅 위에 아버지의 영의 전쟁을 선포하여 주시옵소서. 성령님 주님과 함께 동행하시고 앞서가시며, 모든 악의 영들을 성령님 불검으로 찔러 쪼개시고 불을 부으사 태우소서. 멸하소서. 성령님 기름 부으사 씻기시어 아버지께 대적하는 사단마귀의 악령들을 멸하소서. 주님 어린양의 보혈로 온 하늘과 땅을 씻기시어 태초 때 그날이 속히 회복되게 하여 주시옵소서. 하늘은 천군천사도 발행하사 이 땅 위에 아버지의 영의 전쟁에 군대가 되어 주소서. 이 땅 위에 아버지의 영을 받은 모든 자녀들 몸을 낮추고 주님의 보혈의 옷을 전신갑주를 입고 엎드려 기도와 간구로 아버지의 영의 전쟁을 지원하는 이 땅의 기도의 군대가 되게 하여 주시옵소서. 기도로 아버지께 힘이 되어 드리고 아버지의 영의 전쟁에서 승리하시도록, 구원받기에 소망을 품고 새롭게 거듭나는 자녀들 되도록 우리를 거듭 빚어 주시옵소서. 성령님 우리의 영에 불을 부으사 모든 입술들이 기도의 나팔수 삼아 주시옵소서. 모두 들어 아버지의 영광의 승리를 위하여 이 땅 위에 기도의 지원 용병들 삼아 주시옵소서. 한 영혼도 거저 놀고먹지 않도록 모두 깨우시어 기도의 용사들 되게 하여 주시옵소서. 속히 다스리시어 구원의 축복의 통로 안에 우리 모두 함께 거하게 하여 주시옵소서. 아버지 모든 사람들에게 주신 달란트를 오용하고 남용하지 못하게 깨워 주시옵소서. 자신이 행하는 일을 심히 살펴 아버지의 진노를 사는 행위가 아닌지 늘 자신 안을 살펴 온전케 하옵시며 성령님의 인도하심을 따라 주님 앞에 회개하고 자복하여 돌아와 순종하게 하시고 거듭나게 깨우시어 아버지께 영광 올려 드리는 부활의 자녀들 되게 하여 주시옵소서.

이 땅 위에 모든 나라와 민족 모든 심령의 터 위에 있는 우상과 사상과 이념의 사단마귀들, 여리고 성벽들, 바벨탑을 속속히 무너지게 하옵시며 무너진 여리고 심령의 터 위에 시온성벽처럼 기드온의 용사들이 각 영혼 안에 기도의 성벽들이 되게 하옵소서. 아버지께 방패 되어 드리는 이 땅의 기도의 성벽들 되게 하여 주시옵소서. 사단마귀를 향하여 대적하게 하소서. 죽으면 죽으리라 강하고 담대하게 하소서. 두려워하지 않게 하소서. 아버지의 영광의 승리를 위하여 주님께 손과 발 되어 이기시고도 남음이 있게 우리를 들어 쓰소서. 오직 뜻하시는 모든 계획 속에 구원의 자녀들로 우리를 붙들어 주시옵소서. 인류를 향하여 성경에 심으신 언약된 모든 말씀을 이 땅 위에 부으실 때 죄 씻김 받아 주님 부활의 날개 안에 보존되는 축복을 우리에게 허락하여 주시옵소서. 지금 이때보다 더 흔들리고 혼돈하는 죄악이 난무하는 사단마귀의 발악함이 우리 앞에 닥쳐 와도 주님의 재림의 때가 가까웠음을 깨닫고 흔들리지 않고 담대함으로 사단마귀를 향해 대적하게 하옵소서.

진리의 신약복음에 감춰 놓으신 영생의 길을 열어 주시

옵소서. 우리의 무지한 영의 잠을 깨워 주시고 지혜와 명철과 분별의 영을 입혀 주시옵소서. 영생의 빛을 발하도록 81억 이상 이 땅 위에 살아 생존한 아버지의 영을 받은 우리들 주님의 도구로 써 주소서. 소생시켜 주시옵소서. 아버지의 말씀 속에 우리에게 주시기를 원하시는 아버지의 거룩하신 높고 그 깊이가 한량이 없으신 사랑, 아버지 마음, 아버지의 뜻을 진실로 깨달아 알게 하도록 우리에 영혼의 잠을 깨워 주시옵소서. 각 영혼들 자신 안에 숨어 있는 사단마귀와 싸워 대적하고 이기고도 남도록 능히 이길 수 있는 성령님의 능력을 부어 주시옵소서. 우리 주님 나타내신 길을 따라갈 수 있도록 총기 있는 영들로 우리를 거듭나게 하소서. 주님께서 이루신 부활을 권세를 우리도 이기도록 진리를 알게 하소서. 십자가 조롱 속에서 침묵하시며 사단마귀를 조롱하시듯 부활 승리하신 그 십자가를 따라 우리도 부활 승리할 수 있도록 사단마귀를 조롱할 수 있도록 두려움의 권세에서 우리의 영들을 담대하게 하소서. 우리 주님을 부활 승리하게 하신 성령님 우리에게도 부활 승리의 권세를 입혀 주시옵소서.

 이 땅 위에서 예수 이름 팔아먹는 자들 적 그리스도 행위들 적 그리스도의 앞잡이 노릇하는 이단들, 종교재단들, 사상과 이념들, 대립과 반목들, 분열의 영 분쟁의 영들, 국경들, 철책들, 어둠의 장벽들, 사단마귀의 모략과 계략의 함정들, 죄악의 사슬들, 그물들, 우상마귀 우상형상들, 신상들, 재물들, 주술들, 이 땅 위에 사단마귀가 심은 모든 부정한 악의 영들을 그 씨앗과 뿌리와 근원들 하나님의 창조의 질서에 대적하는 사단마귀의 불순종이 속히 이 땅 위에서 멸함 받도록 성령님 진노의 불검으로 세세히 찔러 쪼개사 태우소서. 멸하소서. 아버지께 대적하는 대적의 영, 하나님의 영광을 도적질하는 도적의 영, 거짓의 영, 시기질투의 영들까지 성령님 불검으로 찔러 쪼개시고 태우소서. 멸하소서. 주님의 보혈로 온 하늘과 땅을 씻기시어 정결케 하옵시며 태초 때 그날이 속히 회복되게 하여 주시옵소서. 모든 우상 앞에 절하며 재물을 놓으며 주술을 외우며 섬기는 망령된 자들을 치소서. 우상을 섬기는 자들 눈꺼풀을 벗기소서. 그 영혼들을 찔러 쪼개소서. 우상의 악령들을 태우사 멸하소서. 우상 앞에선 그 발들에 착고를 벗기소서. 우상의 터에 흙을 그 발에서 털게 하소서. 성령님 우상을 섬기는 자들을 낱낱이 기억하옵소서. 아버지께 지음받고 공급받으며 무지하여서 우상을 공급자로 섬기는 하나님께 대적하는 대적의 영을 엄히 징벌하옵소서. 거룩한 땅, 거룩한 영, 거룩한 자녀들로 회복되어 돌아오도록 인도하여 주시옵소서. 주님의 십자가의 보혈로 씻김받고 부활생명들 되게 하시어 주님의 말씀의 반석들로 변화되게 하여 주시옵소서. 주님의 영광을 나타내는 도구들로 변화되게 하여 주시옵소서.

주님의 십자가를 붙들지 않고는 온 길로 아버지께로 돌아갈 자가 없다 하신 말씀이 우상이 섰던 터마다 주님의 십자가를 통하여 말씀이 거하시는 성전이 세워지게 하여 주시옵소서. 새 하늘 새 땅 새 길로 새 부대가 되어 모두 돌아오는 십자가의 길을 열어 주시옵소서. 회개한 영들 빛으로 오시어 구원한 영들 되게 하소서. 아버지께서 찾으신 자녀들 되게 하여 주시옵소서. 한 영혼이 천하보다 귀하다 하신 그 말씀받은 영들로 주님께 돌아올 길을 열어 주시옵소서. 주님 향한 믿음과 하나님 아버지께서 창조주이심을 선포하며 믿음을 지키는 용맹한 그리스도의 용사들로 이 땅 위에 우리 모두 굳게 서게 하여 주시옵소서.

내 영이 늘 깨어 기뻐하며 주님께 깊은 감사 올려 드립니다. 내 영이 내 생명이 오늘도 번제단에 올라 기도드릴 수 있는 권세와 능력을 주신 사랑에 깊은 감사 올려 드립니다. 이 땅 위에 모든 영광은 오직 아버지의 것이오니 이 번제단을 통해 홀로 영광 받으시옵소서. 아버지께서 태초 때 이 땅에 모든 생명과 만물들을 해와 달과 별들을 말씀으로 지으실 때에 명령을 따라 나타나게 하셔서 말씀이 실상이 되게 하셨으며 오직 자녀인 우리만은 아버지의 거룩하신 형상 따라 손수 빚으시고 아버지의 거룩하신 영을 부어 주시며 걸어 놓아 다니게 하셨으며 순종함을 가르치셨나이다. 보기에도 아깝다 하시며 기뻐하셨다 말씀하셨나이다. 대제상의 권세를 부어 주시며 모든 만물들을 누리고 다스리라 축복하여 주셨나이다. 번성하라 땅 위에 충만하라 땅끝까지 창대케 되라 우리를 축복하여 주셨나이다. 아버지의 영을 받은 사람이라 이름받은 모든 자녀들 안에 아버지의 영원불멸하시는 불멸의 영과 거룩함을 함께 주셨나이다. 태초 때 지으셨던 그때로 인류가 아버지께 돌아가기 위하여 자신들도 깨닫지 못하는 영혼불멸의 영의 잠을 깨 주시어 스스로 아버지께 돌아갈 수 있도록 성령님 우리의 영을 아버지께 인도하여 주시옵소서. 아버지의 능력 중에 말씀 선포의 능력의 길을 주님께서 가르쳐 주신 대로 나로 인하여 선포된 이 모든 기도가 아버지의 귀에 들리신 때에 아버지의 마음에 합당히 받으실 때에는 작정하시고 반드시 세상을 고치실 우리를 고쳐 주실 신묘막측하신 뜻을 이 땅 위에 펼쳐 주실 것을 내가 믿고 의지 하나이다. 지금 이 순간에도 내 영 안에 거하시며 주님께서 듣고 계시고 성령께서 듣고 계시오니 주님께 부활 승리를 주신 성령님 내 심령의 기도를 들어 주시옵소서. 우리의 힘과 능력으로 구원에 이

르는 것이 아니요 아버지의 권능으로 성령께서 행하신다 말씀하셨사오니 하나님 아버지 우리의 영들을 육체들을 이 땅 위에 모든 만물들 처음 창조하셨던 첫사랑 그때로 재창조하여 주시옵소서. 그때로 회복시켜 주시옵소서. 그날에 그때에 아버지의 뜻을 이 땅 위에 이루시도록 우리의 생명 속에 영들을 깨우도록 아버지의 허락을 따라 성령께서 급속하게 번개처럼 도적처럼 이 인류 위에 날선 불의 검과 같이 각 영혼 안에 임재하시어 우리의 영과 혼과 육체와 심령과 골수를 찔러 쪼개시어 소제하실 그날을 믿습니다. 눈꺼풀들이 열릴 때 심령들이 열릴 때에 주님 모든 영들 가운데 임재하셔서 주님의 보배피로 씻겨 주시옵소서. 십자가만 붙잡도록 의지처 피난처 되어 주실 것을 믿습니다. 아버지의 명령을 따라 성령님과 함께 우리 주님 일하실 때에 아골 골짝에 마른 뼈들과 같은 우리들 예수님의 생명의 피로 덧입히시고 말씀의 형질을 부으시어 오늘날 이 땅 위에 그리스도 예수의 십자가 믿음의 군대가 되게 하심처럼 아버지 죽어 있는 것과 같은 이 땅 위에서 주님을 만나지 못한

62

불쌍한 인생들을 일으켜 깨워 주실 것을 믿습니다. 이 땅 위에 그리스도 십자가 믿음의 군대가 되게 하실 것을 믿습니다. 그날을 꿈꾸며 상상하며 일천번제단 위에 기도로 선포하며 말로 세우신 세상을 말로 치유케, 회복게 하실 것을 굳세게 믿나이다. 뜻을 다하고 목숨을 다하여 기도드리옵나이다.

나중 된 자들을 들어 먼저 된 자들을 부끄럽게 하신다 하신 그 말씀을 날마다 이 땅에 이루셔서 작은 자를 들어 스스로 크다 높다 자랑하는 자들을 낮아지게 하옵소서. 작아지게 하옵소서. 부끄럼 당하게 하소서. 우리 주님 이 땅 위에 이미 오셔서 신약복음의 세상을 피 흘려 세우시고 오직 십자가를 붙들지 않고는 천국에 이를 자가 없느니라 말씀 선포하셨나이다. 십자가에서 죽으시고 부활승리하시어 천국과 지옥의 열쇠를 못 자국 난 그 손에 잡으시고 정사와 권세를 지고 오셨다 기록된 말씀의 기초를 이 땅에 십자가를 통하여 세워 주신 지가 이미 삼천 년이 다가오고 있나이다. 그러나 여전히 성전을 어지럽히고 더럽히는 자들, 자신들이 하나님이라 자랑하는 자들, 하나님께 대적하는 대적의 영, 도적의 영, 거짓의 영, 시기 질투의 영, 회칠한 무덤 같은 얼굴로 주님의 성호를 팔아먹는 자들 주님이 부활의 영생의 생명으로 메시야로 이 땅 위에 이미 오셨음을 부정하는 자들, 지금 이 시간에도 서로 다투며 분열하며 분쟁하는 자들, 작고 보잘 것 없는 사단마귀에게 종노릇하는 자들, 육신의 생각으로 주님을 섬긴다 자랑하는 자들, 옛 조상들의 우상을 대물림시키는 자들, 고정관념을 대물림시키며 종 노릇 하는 자들, 이들의 방종한 무지의 영에 잠을 깨워 주시옵소서. 지금은 주님의 권세의 때임을 알지 못하고 깨닫지 못하는 족속들 아직도 옛 구약을 섬기며 자랑하는 자들 모세 선지자를 우상을 만들고 있는 오만방자한 자들 사상과 이념의 대적의 영에게 잡혀 있는 무지하고 우매한 자들의 영을 바위로 부수심처럼 깨뜨려 주시옵소서. 바닷가에 소라 껍질을 뒤집어쓰고 있는 게딱지들처럼 자신 안에 고정관념과 우상에게 잡혀 있는 도무지 깨어나지 않

는 어리석고 연약하여 고집과 아집과 탐욕과 정욕과 교만
과 오만과 지배심과 집착과 소유욕에 잡혀 있는 자들 사상
과 이념과 우상과 같은 부정하며 더러운 사단마귀에 앞잡
이 노릇하는 대적에 영들 껍질들을 성령님 진노의 불검으
로 찔러 쪼개사 태우소서. 성령님 기름 부으사 씻기소서.
주님의 보배피로 씻기시어 멸하소서. 사단마귀가 심은 이
모든 더러운 악의 영을 벗기시어 사단마귀에 올무가 되게
던져 주시옵소서. 영원히 타는 지옥 불에 가두어 주시옵소
서. 부활을 몸소 보이시어 죄악의 껍질을 벗지 않고는 부활
의 주님을 따라 아버지께 돌아갈 길이 없음을 모두 깨닫게
하옵소서.

　깨닫지 못하는 족속들을 향하여 오래 참으신 진노를 부
으실 때는 구원의 촛대를 들어 옮기시니라 말씀하셨사오
니 동방의 작은 나라 대한민국 이 민족을 깨우시어 재림주
님 오시는 길로 하늘 아버지께서 주님의 십자가를 통하여
세워 주신 구원의 촛대를 옮겨 받은 이 민족 되게 하여 주
시옵소서. 신랑을 기다리는 신부처럼 택함 받은 민족, 택함

받은 땅 되게 허락하시고 축복하여 주시옵소서. 이 땅 위에 사단마귀가 심은 모든 질병과 질고와 재앙과 죄악에서 우리를 자유하게 하소서. 해방시켜 주시옵소서. 아버지, 이 땅 위에 창궐한 코로나19 질병의 바이러스 세균들 그 씨앗과 뿌리와 근원들을 우리는 감당할 길이 없사오니 아버지의 권능으로 다스려 주시옵소서. 성령님 불검으로 다스려 주시옵소서 성령님 기름 부으사 씻기소서. 주님의 보배피로 씻기시어 부정한 사단마귀에 간계를 멸하시고 창조하셨던 첫사랑 그날로 돌아가게 하여 주시옵소서. 보지 않고 믿는 자는 복되다 말씀 하셨나이다. 그 말씀을 굳세게 믿나이다.

아버지 나를 부르시는 그날까지 주님께 붙들린 사랑 안에 거하게 하소서. 주님은 믿는 자들의 피난처라 말씀하셨사오니 내가 이 시대에 모든 환난 중에서 이 세상에서 피할 길은 오직 우리 주님의 십자가를 붙들고 바라봅니다. 십자가만은 의탁합니다. 아버지께로 가기에 걸림이 되는 이 땅에서 저지른 나의 모든 불의한 죄악들 용서하여 주시옵소서. 나 자신조차 깨닫지 못하고 기억치 못하는 죄악들 나를 정죄받지 않도록 덮어 주시고 감추어 주신 죄악들 낱낱이 알고 계시오니 용서하여 주시옵소서. 성령님 내 안과 밖을 찔러 쪼개사 불을 부으사 태우소서. 멸하소서. 기름 부으사 씻겨 주시옵소서. 주님 보배피로 내 안과 밖을 씻기시어 죄에서 나를 자유하게 하소서. 해방시켜 주시옵소서. 나를 미워하는 자들 원망하는 자들 내게 사랑받기를 원하였으나 사랑받지 못함으로 상한 심령들에 상처를 치유하여 주시옵소서. 그들의 마음을 만지시어 나를 용서하게 하옵시며 그들 또한 용서하여 주시옵소서. 나를 구원하시어 부활의 영생의 생명을 주신 것같이 이들도 구원하시어 부활의 영생의 생명을 허락하여 주시옵소서. 나의 환난 날에 기도로 나를 도운 자들 사랑과 긍휼로 나를 도운 자들 아버지 나는 다 잊었을지라도 아버지께서는 낱낱이 알고 계시오니 나를 기르시는 도구 삼으신 모든 생명들 만물들에게 나는 갚을 길이 없사오니 아버지께서 하늘의 신령한 복으로 갚아 주시옵소서. 땅의 기름진 복으로 채워 넘치도록 갚아 주시옵소서 나의 이 땅에서의 채무의 멍에를 벗겨 주소서 채무에서 자유하게 하소서. 해방시켜 주시옵소서 이 땅 위에 심으신 아버지의 영을 받은 우리들 매 시간 분초도 사단마귀가 도구로 쓰지 못하도록 늘 깨어서 기도로 무장된 자녀들 되게 하여 주시옵소서.

전에도 계셨고 지금도 살아 계시고 나중에도 계시는 영원하신 나의 아버지 그 크신 목적과 뜻이 온전히 이 땅 위에 펼쳐지시고 이루시기를 간절히 소망드립니다. 우리 주님 겟세마네 동산에 올라 땀방울이 핏방울이 되도록 그 두려운 밤을 그 어두운 밤을 우리의 죄를 인류의 모든 죄를 용서해 주시기를 간구드리셨던 그 사랑 헤아릴 수 없는 끝없으신 그 거룩하신 대속의 사랑 때문에 오늘 내가 여기에 있나이다. 이 땅 위에 진노를 부으사 멸하셨던 아버지의 진노를 홀로 몸으로 받아 내시어 우리가 아버지 앞에 저지른 모든 죄악을 심판의 진노를 십자가에서 몸 찢기고 피 흘리시며 죽으시기까지 우리를 부인하지 않으셨던 그 대속의 사랑 때문에 아버지의 진노를 녹여 드리신 끝없으신 아가페 사랑 때문에 하늘보다 우편에 안으시는 아들의 권세를 받으시며 이 땅에 모든 권세와 정사 주님께 맡겨 주시어 만왕의 왕으로 오시어 오늘도 우리 곁에 부활의 영생에 생명으로 함께 하여 주시오니 깊은 감사 올려 드립니다. 부활의 십자가 그 크신 날개를 펼치시어 우리를 부르시오니 성령님 주님을 도우소서. 아버지의 뜻을 이루어 드리기 위하여 이 땅 위에 길 잃은 영들을 찾고 계시오니 성령님 주님을 도우소서. 아버지의 뜻을 이루어 드릴 수 있도록 성령님 쉬지도 졸지고 잠들지 마시고 주무시지도 마시옵고 속속히 찾으시어 한 영혼도 사단마귀에게 빼앗기지 않으시도록 길 잃은 영들에 길이 되어 주소서. 빛이 되어 주소서. 주님의 부활의 품으로 속속히 돌아와 주님의 보혈로 씻김받고 부활의 영생의 생명을 받아 본 향으로 돌아갈 수 있도록 아버지 하늘문 열어 주시옵소서. 천국 문 열어 주시어 집을 나갔던 탕자들 맞아 주심처럼 아버지의 품에 품어 주소서. 기쁨으로 흠향하시어 아버지의 영권이 회복되시기를 간절히 기도드리옵나이다. 날마다 천국 문을 닫을 수 없을 만큼 돌아오는 자녀들로 천국 문에 인산인해를 이루도록 성령님 쉬지도 주무시지도 졸지도 잠들지 마시옵고 일하여 주시옵소서.

세상이 어둠에 묻혀 무너지던 그 밤에 주님의 대속하심으로 이 땅 위에 새날을 우리에게 열어 주셨나이다. 아버지나도 주님의 발길을 따라가길 원하나이다. 나로 인하여 드려진 일천번제단위에 역사하시어 주님께서 겟세마네 동산에서 드렸던 그 기도에 응답하여 주신 것처럼 오늘날 이 번제단의 기도에도 응답하여 주시옵소서. 아버지께서 택하신 날에 이루어 주실 것을 믿습니다. 그때가 언제이든 반드시 이 땅 위에 아버지의 뜻을 속히 이루어 주실 것을 믿습니다. 나에게 주신 능력으로 이루고 나타낼 수 있는 일들은 이미 주신 축복이시니 내가 할 수 없는 일들 우리가 할 수 없는 일들 우리에게 불가능한 일들 아버지께서는 불가능이 없으니 하나님의 능력을 믿고 구하옵니다. 아버지의 권능으로 다스려 주시옵소서. 말씀만으로도 단번에 이루시고도 남음이 있으시오니 이 땅 위에 다시 한 번 하나님의 창조의 능력 부어 주시옵소서 새롭게 창조하여 주시옵소서. 아버지 아니시고는 고쳐 주실 자 없나이다. 태초 때 지으셨던 그때로 돌아갈 수 있도록 우리의 잃어버린 영들을 찾아 주시옵소서.

사단마귀의 참소로 이 땅에 넘어져 곪고 상한 육체들 질병과 질고와 재앙과 죄악의 고통 속에 갇혀 신음하는 모든 육체들을 아버지 성령님 진노의 불검으로 머리끝부터 발끝까지 침상 위에 누운 신음하는 영과 육체를 찔러 쪼개사 불 부으시어 사단마귀의 악령들 태우소서. 씻기소서. 주님의 보혈로 씻기시어 악령의 껍질들 벗기시어 심은 자 사단마귀를 영원히 가두는 착고가 되게 하여 주시옵소서. 저 지옥 타는 불 속에 던지시어 영원히 어둠의 고통 속에서 영원히 헤어나지 못하게 하여 주시옵소서.

해방된 자녀들 온 세상 거리로 달려 나와 천진한 어린양들 되어 보기도 아깝다 하셨던 영과 육체가 온전히 회복되어 춤추며 기뻐 뛰며 하나님께 찬송과 영광을 올려 드리는 그날이 속히 회복되게 하여 주시옵소서. 하나님께 순종하는 말씀 따라가는 천진한 어린아이들처럼 거듭 태어나게 우리를 치료하여 주시옵소서. 우리 모두 주님의 십자가에 붙들릴 영들로 구원하여 주시옵소서. 그리스도의 성배들로 성전들로 거듭 빚어 주시옵소서. 우리의 변화를 통해 하나님의 영광을 나타내게 하여 주시옵소서.

아버지 이 나라 이 민족 중에 사상과 이념의 공산당이라는 마귀의 종 노릇 하는 김일성 김정일 김정은 3대에 걸쳐 마귀의 종 노릇 하는 그 가문의 문을 닫아 주시옵소서 그 씨로 다시는 사단마귀가 도구로 쓰지 못하도록 그 씨앗과 뿌리로 뽑으사 멸하여 주시옵소서. 김정은 그 가문에서 아버지를 핍박한 날 수만큼 77배를 더하시어 주님의 일꾼 되게 하소서. 사울이 노상에서 성령님께 붙들리고 주님께 붙들리어 바울 되게 하시어 영원히 주님의 말씀의 도구 삼으심처럼 김정은 그 아들을 성령님 붙들어 주소서. 주님 붙들어 주시어 김정은 그의 영속에 사단마귀를 멸하시고 그의 영이 열려 이 시대에 바울로 쓰임받게 하여 주시옵소서. 김정은 그 아들을 들어 쓰시어 인류 복음의 통일을 이루시려는 주님의 뜻을 이루어 드리는 도구가 되게 하여 주시옵소서. 김정은 그 아들, 들어 쓰셔서 만국의 왕들을 깨우는 도구가 되게 하여 주시옵소서. 하나님의 영광을 나타내는 도구가 되게 하여 주시옵소서. 아버지 이 땅 위에 사상과 이념의 공산당이라는 나라와 당을 짓고 아버지의 자녀들을 도적질하고 가두고 자유를 구속하며 전쟁을 일삼는 자들, 평화를 빼앗는 위증자들, 아버지 그들에게 누리는 모든 축복과 권세와 능력과 재물들과 시간과 달란트를 빼앗으시고 그들을 내어 쫓으소서. 그들을 흩어 주소서. 옛 바벨탑을 쌓고 있던 족속들을 흩으사 멸하셨던 것처럼 오늘날 이 땅 위에 바벨탑을 쌓고 있는 사상과 이념의 공산당 이 바벨탑을 멸하소서. 성령님 불 부으사 세세히 태우소서. 기름 부으사 씻기시어 멸하소서. 주님 보혈의 발로 사상과 이념의 공산당이라는 바벨탑 속에 숨어 있는 사단마귀에 머리를 밟으시어 박살나게 깨뜨려 주시옵소서. 성령님 진노의 불검으로 찔러 쪼개시고 태우시고 씻기시어 영원히 흔적도 없이 연기처럼 이 땅에서 소멸시켜 주시옵소서. 아버지 이 나라 이 민족 가운데 저 북녘땅을 바라보옵소서. 성령님 그 땅에 잡혀 갇혀 있는 아버지의 자녀들 은혜를 베풀어 주시옵소서. 자유하게 하소서. 해방시켜 주시옵소서. 십자가 구원의 길이 열리게 하소서. 땅끝까지 주님의 보혈의 길을 열어 주시옵소서.

생명의 말씀 신약복음의 말씀의 길을 열어 주시옵소서. 이 땅 위에서 주님을 만나지 못한 영혼들 아직도 아버지께서 먹이고 입히심을 깨닫지 못하는 족속들, 아버지 길 잃은 영혼들, 속속히 회개하고 자복하여 아버지께 영광을 올려 드리는 자녀들로 거듭나게 하여 주시옵소서. 아버지 나를 영화롭게 먹이고 입히심처럼 이 땅 위에 주린 자녀들을 동일하게 먹이고 입혀 주시옵소서. 영적 어둠의 잠을 깨워 주시옵소서. 태초 때부터 만물들을 우리 발 앞에 동일하게, 평등하게 공급하신 그 누림의 축복을 다시 한 번 허락하여 주시옵소서. 회개와 자복으로 속속히 돌아와 감사와 찬송과 영광을 올려 드리는 자녀들 되게 하여 주시옵소서. 내게 입혀 주신 구원의 영화로운 옷을 주님을 만나지 못하고 헤매이는 길 잃은 자녀들에게도 입혀 주시옵소서. 영생의 생명을 허락하여 주시옵소서. 주님께서 이 땅에 가장 작고 낮은 자녀들을 구원하러 오셨다 말씀하셨사오니 성령님 우리 주님을 도우소서.

가장 낮고 작다 핍박하던 자들 통하여 가장 작다 낮다 핍박받는 자들을 먹이고 입히고 공급하는 도구로 들어 써 주시옵소서. 가장 높다 크다 자랑하는 자들을 깨워 주시어 이 땅 위에 자유와 평등을 회복시켜 주시는 도구들 되게 하여 주시옵소서. 아버지 성경에 기록하신 말씀대로 사막과 광야에 길을 내어 주소서. 강을 내어 주소서. 하늘 문 열으시어 풍성한 생명의 단비를 사막과 광야에 부으시어 생명수의 사대강이 넘쳐 흐르게 하여 주시옵시며 갈급함으로 죽어 가는 그 땅에 생명들을 살려 주시옵소서.

새 하늘 새 땅 새 길 새 지경을 열어 주시어 모든 만물들을 그 땅 위에 허락하여 주시옵소서. 이 땅 심판하신다 하신 그 말씀을 이 땅에 이루실 때에 심판의 불이 떨어질 때에 구원할 백성들 피할 피난처 도피성이 되게 하여 주시옵소서. 사막과 광야에 저주를 풀어 주시옵소서. 그 땅 매인 죄악 사슬들을 풀어 주시옵소서. 그 땅을 축복하여 주시옵소서. 그 백성들을 아버지께 돌아오도록 깨워 주시옵소서. 주님의 백성 삼아 주시옵소서. 사막과 광야에 주님 보혈의 생명수와 말씀의 길이 동서남북 땅의 끝까지 막힘이 없이 열리고 흐르게 하여 주시옵소서. 이 땅 위에서 주님을 만나지 못한 무지한 영들을 불쌍히 여겨 주시옵소서. 이들을 주님의 피로 세워 주신 십자가 사랑 앞에 깨어나 신약복음의 말씀이 가나안 땅으로 모두 돌아와 영생의 부활의 생명을 받도록 허락하여 주시옵소서. 아버지 이들의 하나님 되어 주시옵소서. 성령님 이들을 위하여 일하여 주시옵소서.

아버지 이 땅 위에 아버지께서 지으신 만물들을 사단마

귀가 처처에 불을 놓아 태우고 있나이다. 하나님의 강림하심을 방해하는 사단마귀의 악의 불이 아버지께서 창조하신 만물들을 태우고 있나이다. 아버지 사단마귀에 아버지께 대적하는 악행을 더 이상 용납하지 마시옵소서. 아버지를 향해 대적하는 이 부정한 영을 다스려 주시옵소서. 엄히 꾸짖으시어 저 타는 지옥불에 던지시어 영원히 가두리라 하신 말씀을 속히 이루어 주시옵소서. 사단마귀를 저 지옥 어둠의 고통에 불속에 던지시어 영원히 가두리라 하신 그 말씀을 속히 이루어 주시옵소서. 아버지 권능의 팔을 높이 드시어 이 땅 친히 다스려 주시옵소서. 이 땅 위에 우리의 무지한 어둠의 죄악으로 저지른 모든 죄악을 생명의 단비를 넘치도록 부으시며 우리의 모든 죄악을 씻기사 멸하여 주시옵소서. 아버지 우리의 죄악으로 끓어오르는 죄악의 열기를 식혀 주시옵소서.

아버지 작정하시면 능히 이루시고도 남음이 있으시오니 속히 오셔서 우리를 구원하여 주시옵소서. 우리의 아버지이심을 이 땅 위에 나타내 주시옵소서. 이 땅 위의 우리에 아비규환의 비명을 들어 주소서. 이 시간을 통하여 우리의 삶을 통제하여 주시옵소서. 아버지께서 내게 주신 모든 축복을 다 탕진하고 온전치 못한 영과 육이 되어 초라한 몰골로 돌아온 이 죄인을 용서하여 주시옵소서. 나를 그토록 영화롭게 거룩하게 지으시고 공급하셨건만 내 영이 어리석어 세상 유혹과 정욕과 탐욕을 따라 살다가 탕자가 돌아옴 같이 아버지 앞에 돌아와 번제단에 올라 용서를 구하옵나이다. 초라하고 보잘것없는 모습으로 라오미처럼 돌아왔사오니 불쌍히 여겨 주시옵소서. 그러나 번제단에 빈손이 되어 돌아와 깨뜨려 드릴 향유옥합 하나 없이 돌아온 이 부끄러움을 고백하나이다. 용서하여 주시옵소서. 나를 향유옥합처럼 예물로 깨뜨려 드리길 원하오니 나를 받아 주시옵소서. 내게 남은 것 중 귀한 것은 아버지께서 주신 나의 생명 하나밖에 없어 나를 드리길 원하옵나이다. 부정하고 곪고 상한 것, 절름발이 예물 아버지 제단에 올리지 말라 내가 결코 받지 아니하겠노라 말씀하셨사오며 우리의 가증한 행위를 미워하신다 말씀하셨나이다. 성령님 내 안과 밖을 불을 부으사 태우소서. 기름 부으사 씻기소서. 주님의 보혈로 내 안과 밖을 씻기시어 정결케 하여 주시옵소서. 아버지께서 즐겨 받으시도록 나를 축복하여 주시옵소서. 그럼에도 불구하고 나를 받으시기 합당치 아니하시오면 아브라함을 통하여 이삭을 대속할 덤불에 걸린 어린양을 대속예물로 받으시고 기뻐하시어 아브라함을 믿음의 조상 삼으시고 언약을 주셨던 그때처럼 이 번제단 위에 나를 대속할 덤불에 걸린 어린양을 허락하여 주시옵소서.

이 번제단을 통하여 재림주님 다시 오신다 하신 그 언약을 이루시는 통로가 되게 하여 주시옵소서. 다시 한 번 주님 덤불에 걸린 어린양 되시어 속히 오소서. 언약의 말씀들을 속히 이루소서. 하늘 평화 광명의 빛의 나라 이 땅 위에 여신다 하신 그 언약을 속히 이루소서. 만왕의 왕으로 다시 오신다 하신 말씀을 속히 이루어 주시옵소서. 하늘에서 사단마귀를 내어 쫓으심처럼 이 땅에서도 사단마귀를 속히 내어 쫓아 주신다 하신 언약을 속히 이루소서. 태초 때 주셨던 그 자유와 평등을 속히 회복시켜 주시옵소서. 구름 타시고 하늘을 가르시고 오신다 하신 그 말씀을 속히 이루어 주시옵소서. 주님께서 통치하시는 땅에서 살기를 간절히 원하고 바라나이다. 아버지 오늘도 듣고 계심을 믿사옵나이다. 미세한 바람에도 우리의 신음을 듣고 계신다 말씀하셨사오니 다 듣고 계심을 믿사옵니다. 온 땅 위에 아버지의 영을 받은 살아 있는 자녀들을 통하여 창조하시는 모든 것들 부활하고 부흥하는 모든 것들 아버지의 것이오니 홀로 영광 받으시옵소서.

오늘도 나를 빛 가운데 이끌어 내시고 생명 주시고 아버지 앞에 나와 기도드릴 수 있는 능력과 권세를 부어 주신 사랑과 은혜에 깊은 감사 올려 드리옵나이다. 내가 무엇이건대 오늘까지 주님께서 내 인생에 동행하여 주시어 나를 도적질 하려는 사단마귀로부터 주님 생명을 버리시며 지켜 주셨나이다. 주님의 피의 대속의 사랑으로 내가 여기 있음을 감사 올려 드립니다. 사단마귀의 끝없는 공격에 내가 넘어져 상할 때마다 주님의 보혈로 나를 씻기시고 나를 건지시어 말씀의 창과 십자가 방패로 주시어 사단마귀를 대적하여 이기고도 남도록 나를 기르셨나이다. 나를 넘어뜨리려는 사단마귀에 끝없는 공격에 내가 감당치 못함을 아시고 사단마귀를 대적하시어 주님께서 친히 십자가에 오르시어 내가 당할 모든 고난과 고통을 당하시며 결코 나를 내어 주지 아니 하셨음으로 내가 영생의 생명을 받아 여기에 있나이다. 십자가에서 손과 발이 못 박히시고 머리에 가시관을 쓰시고 옆구리에 창을 찔리시고 모든 땀과 눈물과 피를 다 쏟으시고 고난과 고통과 조롱과 멸시 천대와 비방과 비난을 다 몸으로 받으시고 십자가에서 몸 찢고 피 흘려 죽으시며 나를 살려 내셨나이다. 무덤에서 삼 일 만에 부활 승리하시어 사단마귀를 이기셨나이다. 이 땅 위에서 영원한 부활과 영생의 생명이 첫 열매 승리자가 되셨나이다. 주님은 살아 계신 하나님 아버지의 독생자 아들이심을 선포하나이다. 내가 주안에 있어 부활의 영생의 생명을 거저 받아 누리고 있음을 고백하나이다. 주님께서 부활승리 하신 그날 사단마귀는 영원한 패배의 영이 되었음을 선포 하나이다.

　돌멩이만도 못 하고 부지깽이만도 못한 보잘것없는 나를 어디에 쓰시려고 주님 생명까지 내어 주시어 나를 지키셨나이까 나를 향하신 뜻을 알게 하소서 어느 귀퉁이 모퉁이 돌로라도 쓰신 계획이 있으시오면 아낌없이 들어 쓰소서 받기만 하는 자의 삶 이제는 나도 아버지께 기쁨을 드리는 자로 쓰임받기를 원합니다. 내 삶에 주신 복에 복을 더 하시고 기적의 기적을 더하시고 나의 인생에 삶에 반전에 기회를 허락하시어 나로 탕진한 축복들 재물을 추수할 회복의 복을 주시어 나를 떠나갔던 축복들 재물들 씨를 맺고 열매를 맺어 속속히 돌아오게 축복하여 주시어 추수하여 아버지의 곳간에 쌓을 곳이 없도록 붙지 아니하나 보라 하신 말씀을 이루어 드리는 자가 되게 하여 주시옵소서.

　아버지께 이토록 사랑받고 있음에 내 영이 기뻐 춤추며 감사로 영광 올려 드리옵나이다. 오늘도 나의 지경을 넓혀 주시고 환난을 떠나 근심이 없게 하여 주시며 나의 삶이 잔에 넘치도록 축복으로 채워 주신 사랑에 깊은 감사 올려 드리

옵니다. 나의 태를 통하여 이 땅으로 부르신 (   )
자녀들 축복하여 주시고 동서남북 이 자녀들 자손들 어디
로 가든지 주님 보혈의 방패만이 거하게 하여 주시옵소서.
이 자녀들 영영한 믿음의 조상들 되게 하여 주시옵소서. 아
브라함에게 부어 주신 언약을 유업받은 자녀들 되게 축복
하여 주시옵소서. 주님 이 땅 위에 다시 오신다 하신 그 말
씀을 이 땅 위에 이루실 때에 이 자녀들과 이 땅 위에 천진
한 어린아이들과 태중에 생명 속의 영들까지 주님의 못 자
국 난 보혈의 손으로 덮으시고 보존하여 주시옵소서. 이 땅
위에 심판의 불이 떨어질 때에 이 자녀들 놀라지 않게 하소
서. 두려워하지 않게 하고서 심판의 불이 임하는 것조차 알
지 못하도록 주님 못 자국 난 보혈의 손으로 덮으시고 보존
하여 주시옵소서.

　재림 주님 이 땅 위에 좌정하실 때 승리하신 주님 머리 위
에 승리의 면류관을 씌워 주신다 하신 그 말씀을 이루어 주
시옵소서. 하늘의 광명의 빛을 승리하신 주님 머리 위에 부
으실 때 아버지께 대적하던 사단마귀를 무저갱에 던지시

어 영원히 타는 지옥의 불구덩이에 던지시어 영원히 가두
리라 하신 그 말씀을 속히 이루어 주시옵소서. 우리 주님
머리 위에 하늘 평화를 가득 부으실 때에 온 땅이 주님께
돌아온 날 되게 하시어 하늘 아버지의 나라와 이 땅 주님의
나라가 한 나라 되어 온 하늘과 땅과 모든 생명들이 부활의
권세 안에 거하게 하여 주시옵소서. 아버지 이 나라 이 민
족 위에 새로운 통치자로 세우신 (   )이 아들을
택하시어 주권을 주셨사오니 성령님 사울을 깨우시어 바
울 되게 하시어 오늘까지 주님의 말씀이 파수꾼 되게 하여
주신 것처럼 (   )이 아들 영 가운데 성령님 불길
과 같이 임재하시어 오늘날 이 시대에 사울과 같은 영을 치
시고 불 부으시고 태우소서. 기름 부으사 씻기시어 정결케
하옵소서. 주님의 보배피로 씻기시어 이 시대 또 하나의 바
울 되게 하옵소서. 아버지께서 들어 쓰실 수 있도록 성령
님 그의 영을 붙들어 주소서. 하나님께 순종하여 아버지의
계획하심이 그의 영 가운데 임재하실 수 있도록 왕의 왕이
신 주님 그의 영을 붙들어 주시옵소서. 그의 영이 오직 하

나님을 두려워하는 자 주님의 십자가를 통하여 이 땅 위에 세워 주신 말씀을 법으로 삼아 자신과 나라로 민족을 경영하는 자가 되게 하소서. 오늘까지 이 땅 이 민족을 이토록 사랑하시어 번성케 하시는 하나님의 뜻이 어디 계신지 하나님 마음을 살피는 자 하나님의 권능을 두려워하는 자가 되게 하소서. 그의 영을 붙드시며 그를 통치하여 주시옵소서. 만국의 왕들을 성령님 번개처럼 도적처럼 불검으로 찔러 쪼개시고 그 안에 숨은 악의 영들을 치소서. 사울의 악신들을 태우소서. 멸하소서. 성령님 기름 부으사 씻기시고 주님의 보혈로 씻기시어 준비된 영들 되게 하소서. 만왕의 왕께서 왕들을 부르실 때에 속속히 손들고 달려 나오게 하소서. 만왕들로 주님 발 아래 자신의 왕관을 내려놓고 나라와 민족을 예물로 올려 드리며 겸손히 엎드려 경배드리는 그날을 속히 열어 주시어 인류 구원의 통일을 이루시는 도구들 되게 하여 주시옵소서. 구원의 통일을 이루시는 그날 승리하신 주님께서 부활시키신 새 하늘 새 땅이 새 날이 이 땅 위에 열리며 하늘 아버지 구름 타시고 하늘 가르시고 속히 오시어 회복된 에덴의 동산, 낙원의 땅에 좌정하시어 평화의 안식을 누리시길 간절히 소망하옵나이다. 영원한 광명의 하늘, 평화의 날, 이 땅 위에 이루어 주시어 우리도 주님과 함께 아버지 품에 안겨 이 땅이 주지 않던 이 땅에서 누리지 못했던 영생의 하늘 평화를 누리는 그날을 꿈꾸나이다.

아버지 이 기도가 상달될 때에 좌로나 우로나 치우친 기도 되지 않게 온전케 가르쳐 주시고 인도하소서. 이 기도가 온전히 아버지께 영광 올려 드리는 기도 되게 하여 주시옵소서. 때가 이를 때에 성경에 기록하신 모든 말씀을 이 땅 위에 반드시 이루리라 말씀하셨사오니 일점 일획도 빼고 더함이 없이 이루리라 하신 말씀을 붙드나이다. 그날이 도적같이 임하리라 말씀하셨사오니 그날이 속히 임하소서. 그날에는 사자가 풀을 뜯게 되며 뱀이 흙을 먹게 되리라 하신 말씀을 속히 이루어 주시옵소서. 그날을 위하여 성령님 쉬지도 졸지도 주무시지도 잠들지도 마시고 일하여 주시옵소서. 영원한 하늘 광명의 평화의 나라 이 땅 위에 속히 임하시기를 간절히 구하옵나이다. 오늘도 나를 깨우시어 산 자 가운데 두시고 번제단에 올라 부르짖어 기도드릴 권세를 주심에 감사 올려 드리오며 성 삼위일체 여호와 하나님 앞에 나와 성령님 도우심을 의지하여 살아 계신 우리 주님 예수 그리스도의 이름으로 간절히 기도드렸사옵니다. 아버지 사랑합니다. 감사합니다. 주님 감사합니다. 사랑합니다. 성령님 감사합니다. 사랑합니다. 이토록 사랑받고 있음에 감사 올려 드리며 예수님의 이름으로 기도드립니다. 아멘!

【주기도문】

하늘에 계신 우리 아버지,

아버지의 이름을

거룩하게 하시며,

아버지의 뜻이 하늘에서와 같이

땅에서도 이루어지게 하소서.

오늘 우리에게

일용할 양식을 주시고,

우리가 우리에게 잘못한 사람을

용서하여 준 것같이

우리 죄를 용서하여 주시고,

우리를 시험에 빠지지 않게 하시고,

악에서 구하소서.

나라와 권능과 영광이

영원히

아버지의 것입니다.

아멘.